近鉄沿線ディープなふしぎ発見

天野太郎・監修
Taro Amano

JN251977

実業之日本社

はじめに

かつて日本の地域区分として律令期から設定された五畿七道のうち、畿内――すなわち山城国・大和国・摂津国・河内国・和泉国の五カ国は、都が置かれた周辺を意味する日本の中核的な地域であった。近代以降、その畿内の周辺を含めた「近畿」という地域名称が生まれるが、近鉄はその名の通り、この「近畿」内を縦横に結び、大阪・京都・奈良という古代において宮都がおかれた三つの歴史的都市の市街地中心部を結ぶだけでなく、周辺地域を結びつける存在である。さらには三重県・愛知県にも広範にネットワークを広げるなど、ＪＲを除く民営鉄道では最長の路線距離を誇り、名実ともに日本を代表する私鉄である。その沿線は京都・奈良の世界文化遺産に代表されるように文化財や観光資源の宝庫となっており、地域の観光を考える上でも重要な意味を持っている。

本書では、そうした近鉄沿線に焦点を当てて、その列車や鉄道施設にかかわるエピソードのみならず、沿線における大阪・京都・奈良をはじめとした歴史的な地域のありかたや、その沿線の都市・集落がどのように創られてきたのか、その形成プロセスを「近鉄」という視点から地理的に、そして歴史的に読み解いていこうとするものである。世界で初めての二階建て列車ビスタカーに代表されるように、常に先進性をもちながら展開してきた近鉄の取り組みや、さまざまな支線ネットワークや路線設定の歴史的過程、沿線の歴史的景観に配慮した設計、そして古都を結ぶがゆえに都市のより中心部にどのように鉄道ターミナルを建設していくのか、といった歴史遺産の保存と利便性との持続可能な調和を追求しつづけてきた近鉄の歴史についても触れながら、近鉄を通した「地誌」としてさまざまなエピソードを記している。

またその中では、近鉄沿線に位置する観光資源や寺社仏閣、歴史的な地名の由来に関する問題など、判型の制約があるなかで極力地図・図像資料類も活用して紹介しながら、近鉄沿線地域について身近な興味、関心につながる幅広い視点から構成を行なっている。

本書を通して、近鉄沿線である近畿・中京圏に広がる地域の諸相について関心を持っていただければ幸いである。さらに、訪れる寺社や名所という「点」としてのありかただけでなく、近鉄をキーワードに、沿線の「線」として、そしてさらには沿線から広がる「面」として地域を捉え、これからのまちづくりの課題について考えるひとつの契機としていただければ望外の喜びである。

二〇一七年一〇月

天野太郎

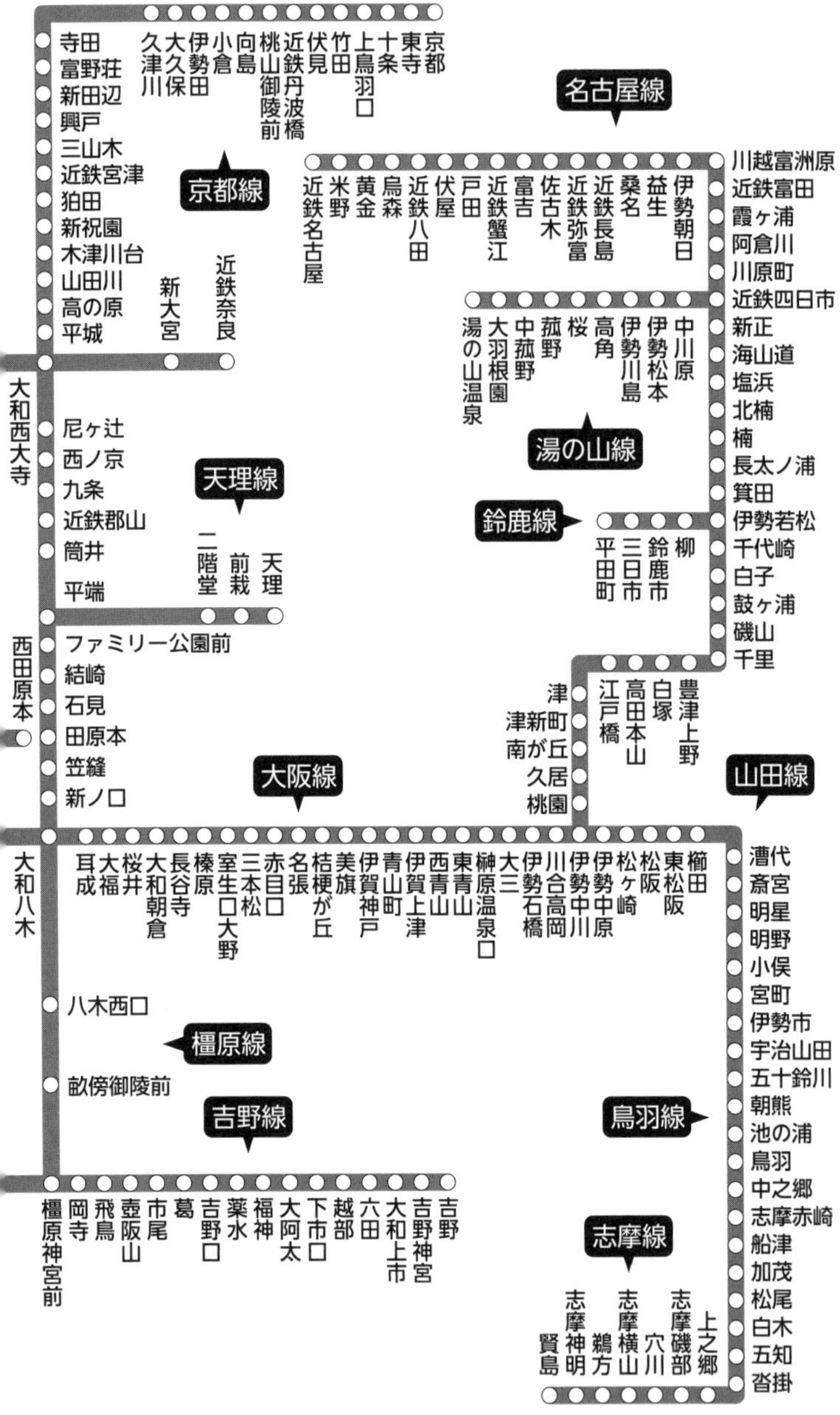

京都線
京都
東寺
十条
上鳥羽口
竹田
伏見
近鉄丹波橋
桃山御陵前
向島
小倉
伊勢田
大久保
久津川
寺田
富野荘
新田辺
興戸
三山木
近鉄宮津
狛田
新祝園
木津川台
山田川
高の原
平城
新大宮
近鉄奈良
大和西大寺
天理線
尼ヶ辻
西ノ京
九条
近鉄郡山
筒井
平端
二階堂
前栽
天理
西田原本
ファミリー公園前
結崎
石見
田原本
笠縫
新ノ口
大和八木
大阪線
耳成
大福
桜井
大和朝倉
長谷寺
榛原
室生口大野
三本松
赤目口
名張
桔梗が丘
美旗
伊賀神戸
青山町
伊賀上津
西青山
東青山
榊原温泉口
大三
伊勢石橋
川合高岡
伊勢中川
伊勢中原
松ヶ崎
松阪
東松阪
櫛田
名古屋線
近鉄名古屋
米野
黄金
烏森
近鉄八田
伏屋
戸田
近鉄蟹江
富吉
佐古木
近鉄弥富
近鉄長島
桑名
益生
伊勢朝日
川越富洲原
近鉄富田
霞ヶ浦
阿倉川
川原町
近鉄四日市
新正
海山道
塩浜
北楠
楠
長太ノ浦
箕田
伊勢若松
千代崎
白子
鼓ヶ浦
磯山
千里
豊津上野
白塚
高田本山
江戸橋
津
津新町
南が丘
久居
桃園
湯の山線
湯の山温泉
大羽根園
中菰野
菰野
桜
高角
伊勢川島
伊勢松本
中川原
鈴鹿線
平田町
三日市
鈴鹿市
柳
山田線
漕代
斎宮
明星
明野
小俣
宮町
伊勢市
宇治山田
鳥羽線
五十鈴川
朝熊
池の浦
鳥羽
志摩線
中之郷
志摩赤崎
船津
加茂
松尾
白木
五知
沓掛
上之郷
志摩磯部
穴川
志摩横山
鵜方
神明
賢島
橿原線
八木西口
畝傍御陵前
吉野線
橿原神宮前
岡寺
飛鳥
壺阪山
市尾
葛
吉野口
薬水
福神
大阿太
下市口
越部
六田
大和上市
吉野神宮
吉野

近畿日本鉄道 路線図

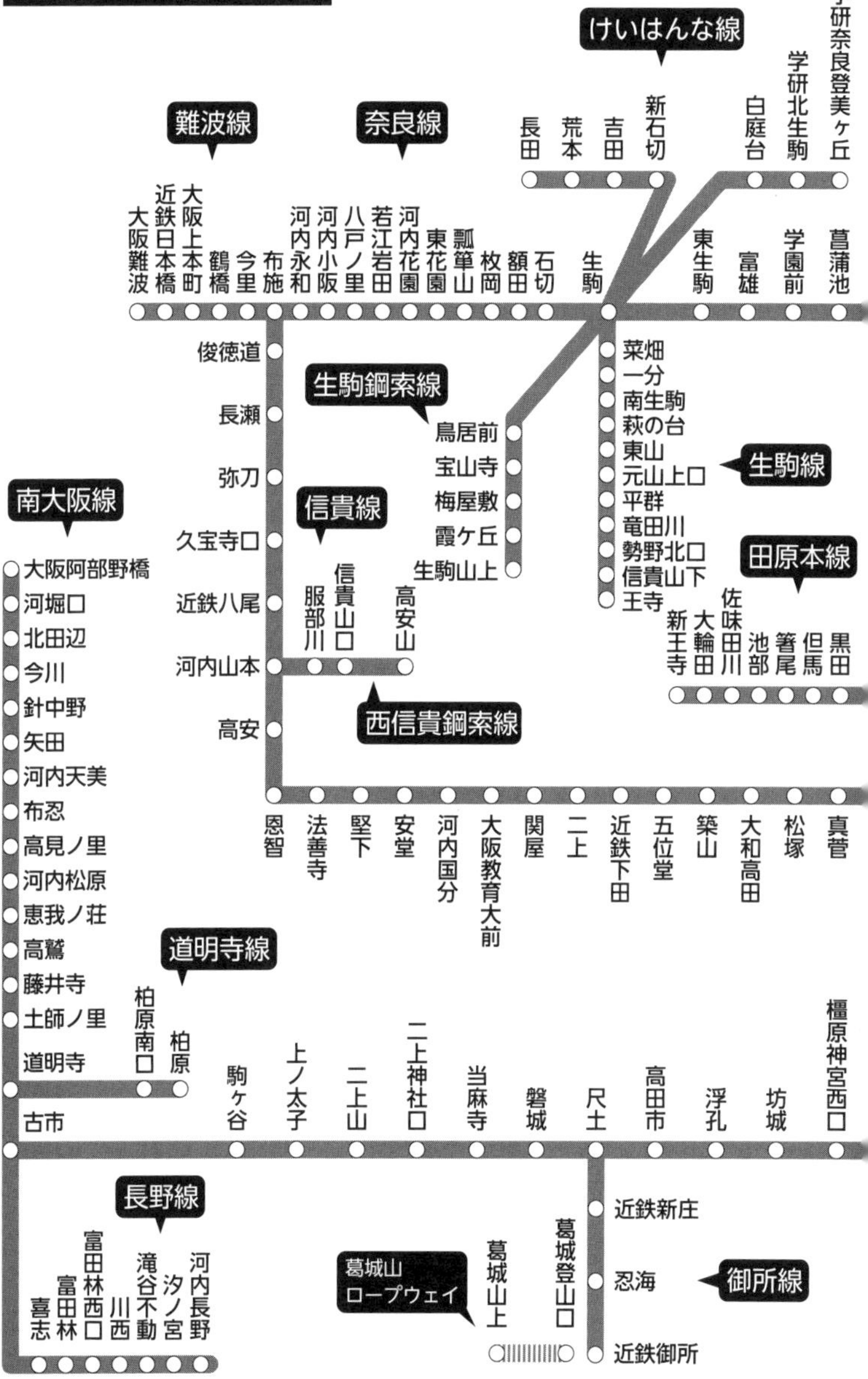

けいはんな線
長田
荒本
吉田
新石切
白庭台
学研北生駒
学研奈良登美ヶ丘
難波線
奈良線
大阪難波
近鉄日本橋
大阪上本町
鶴橋
今里
布施
河内永和
河内小阪
八戸ノ里
若江岩田
河内花園
東花園
瓢箪山
枚岡
額田
石切
生駒
東生駒
富雄
学園前
菖蒲池
俊徳道
長瀬
弥刀
久宝寺口
近鉄八尾
河内山本
高安
生駒鋼索線
鳥居前
宝山寺
梅屋敷
霞ヶ丘
生駒山上
菜畑
一分
南生駒
萩の台
東山
元山上口
平群
竜田川
勢野北口
信貴山下
王寺
生駒線
信貴線
服部川
信貴山口
高安山
西信貴鋼索線
田原本線
新王寺
大輪田
佐味田川
池部
箸尾
但馬
黒田
恩智
法善寺
堅下
安堂
河内国分
大阪教育大前
関屋
二上
近鉄下田
五位堂
築山
大和高田
松塚
真菅
南大阪線
大阪阿部野橋
河堀口
北田辺
今川
針中野
矢田
河内天美
布忍
高見ノ里
河内松原
恵我ノ荘
高鷲
藤井寺
土師ノ里
道明寺
古市
道明寺線
柏原南口
柏原
駒ヶ谷
上ノ太子
二上山
二上神社口
当麻寺
磐城
尺土
高田市
浮孔
坊城
橿原神宮西口
長野線
喜志
富田林
富田林西口
川西
滝谷不動
汐ノ宮
河内長野
葛城山ロープウェイ
葛城山上
葛城登山口
近鉄新庄
忍海
近鉄御所
御所線

近鉄沿線ディープなふしぎ発見《目次》

はじめに……2

第一章 すごいぞ近鉄！ ディープな歴史と路線の謎に迫る 01

本線であるはずの南大阪線がなぜ古市駅で支線のように分岐するのか？……14
多くの鉄道ファンを惹きつける大和西大寺駅のスゴさって？……17
立地をめぐり大論争　近鉄奈良駅の設置はこんなに大変だった！……20
吉野鉄道の終点ホーム　いまはなんと駐車場に！……22
かつて天理線は法隆寺駅まで伸びていた！……25

青山峠の巨大コンクリートは語る「大阪線新ルート」……29
禍転じて福となす　名阪直通の影に自然災害あり！……33
四日市市街のド真ん中に近鉄の廃線跡がある！……36
旧内部線・八王子線が廃線を免れた秘策とは？……40
城北川に架かる「大喜橋」に隠された未完の四条畷線……42
近鉄の路線が堺を走る⁉　二度もチャンスを逃した堺線計画……46
近鉄京都線の駅からなぜか京阪バスが発着するワケ……49
ご利益いっぱい！　七柱の神々を集めた近鉄の「日本鉄道神社」……52
大阪から名張までをつなぐ幻の地下鉄計画があった！……54
近鉄百貨店のルーツは京都の土産物屋だった⁉……56

第二章　地理から読み解く近鉄沿線不思議地図

02

条里を斜行する府道と鉄道は古代の官道の名残……60

神社の参道なのに下り坂。不思議な石切参道ができたもっともな理由 63
田原本〜桜井間を結ぶ県道が条里に対して斜めに走るワケ 66
古墳のような楕円の区割りの正体　それは競馬場の跡 68
城陽市の愛称が〝ゴリゴリの里〟である納得のワケ 70
鳥羽伏見で戦端が開かれた理由は地理的条件にあり！ 72
宝山寺にある「一の鳥居」が「二の鳥居」よりも本堂に近い謎 74
散策路の枕木は信貴山が鉄道王国だった証し 76
あべのハルカスが日本一高いビルになったのは偶然⁉ 80

第三章 ガイドブックとひと味違う！沿線隠れスポット案内

03

ラグビーの聖地誕生は皇族のひと言がきっかけだった 84
日本最長の単純トラス橋の長さは約一六〇メートル！ 87
どこを向いてもトラだらけ　タイガースファンに愛される寺院 91

奈良から木津川にかけて残る幻の「大仏鉄道」の遺構を行く……94
なぜ大阪鉄道は歩行者専用のつり橋を架けたのか？……98
刑務所がリゾートホテルに！　美しすぎる旧奈良少年刑務所……100
吉野線の東側の山中にある地下トンネルの正体……104
軍事利用されていた生駒山上遊園地の飛行塔……108
住宅地に突如として現れる不思議な巨大コンクリートドームの怪……111
お馴染み忠犬ハチ公は渋谷駅前だけではなかった！……115
二上山麓の景勝地・屯鶴峯に広大な地下空間が存在？……118
回転寿司の発祥地はココ　布施駅前の「廻る元禄寿司」……120
静かな溜池の底には戦時中の遺産が眠る!?……122

第四章　途中下車して巡りたい歴史ミステリー散歩

04

大神神社の節分の掛け声は独特の「福は～山～」……126

政治的理由で決定⁉　神武天皇陵が現在地にある意外な事情……128
河内松原にかつて天皇の住む宮があったってホント？……132
天文台説もある謎の大岩「益田岩船」　じつはただの失敗作だった⁉……135
大きな遺跡は古代の時計　飛鳥の〝漏刻〟はどう使っていた？……138
跡地の店が何度も閉鎖……　現代によみがえる長屋王の呪い……141
南大阪線の当麻寺は相撲発祥の地……144
木村重成の墓石だけが擦り減っている驚きの理由……146
松阪の御城番屋敷が「生ける武家屋敷」と呼ばれるのはなぜか？……149
女性は入山禁止　厳格な掟を守り続ける修験道の聖地・山上ケ岳……152
基地の町・大久保をつくったのは近鉄ではなく南海……155
富田林寺内町内の道路がクランク状になっているワケ……158

第五章　意外な事実が見えてくる！　駅名・地名の由来

05

天王寺周辺の「堀」地名に隠された古代の公共工事の痕跡 …… 162
地名や駅名にもなっているのに「久宝寺」という寺院がどこにもない謎 …… 165
鶴橋の由来は〝日本最古〟の橋から …… 168
そこがかつて海だったことを示す「弥刀」という地名 …… 170
由来が「葛井寺」なのに地名が「藤井寺」となった理由 …… 172
土師ノ里と道明寺をつくったのは古墳時代の華麗なる一族 …… 174
「香芝」はもともと中学校の名前 …… 176
伏見に歴史ファン垂涎の地名が並ぶエリアがある！ …… 179
かつて島だった「向島」　いったい何の向かい側？ …… 182
山崎・山本・南山・高木　この四つが合わさった地名とは？ …… 184
耳成山の由来は、耳ナシか？　それとも耳アリか？ …… 186

キトラ古墳のキトラとはどこから来たのか？……188
参考文献……190

◎凡例

各項目見出し下には、最寄り駅の路線名と駅名、近畿日本鉄道の駅ナンバリングが記されています。アルファベットは、A＝難波・奈良線、B＝京都・橿原線、C＝けいはんな線、D＝大阪線、E＝名古屋線、F＝南大阪・吉野線、G＝生駒線、H＝天理線、I＝田原本線、J＝信貴線、K＝湯の山線、L＝鈴鹿線、M＝山田・鳥羽・志摩線、N＝道明寺線、O＝長野線、P＝御所線、Y＝生駒鋼索線、Z＝西信貴鋼索線を、数字は、駅番号を表わしています。本書の内容は、とくに明記がない場合は二〇一七(平成二九)年一〇月時点の情報に基づいています。

カバーデザイン・イラスト／杉本欣右
本文レイアウト／Ｌｕｓｈ！
本文図版／イクサデザイン
本文写真（本文ページに記載したものを除く）／EX-POP（P31）、townphoto.net（P37）、kumo（P67）、Shinkansen（P77）、Jo（P81）、DAJF（P85）、663highland（P65、103）、一般社団法人木津川市観光協会（P97）、Kansai Explorer（P99、109、169）、奈良県農林部農村振興課（P105）、吉田有岐（P125）、Panoramio（P125）、KENPEI（P129、133、145）、一般社団法人八尾市観光協会（P148）、Ignis（P185）

第一章

すごいぞ近鉄！ディープな歴史と路線の謎に迫る

本線であるはずの南大阪線がなぜ古市駅で支線のように分岐するのか？

F16 O16

古市
ふるいち
Furuichi

南大阪線・長野線

近鉄南大阪線は、大阪市阿倍野区の大阪阿部野橋駅から奈良県橿原市の橿原《かしはら》神宮前駅までを結ぶ近鉄の基幹路線のひとつである。営業キロは三九・八キロメートル、駅数は二八駅になる。

近鉄のホームページなどに載っている路線図を見ると、南大阪線が本線として直線的に描かれ、道明寺駅で道明寺線が、次の古市駅で長野線がそれぞれ上下に分岐している。いかにも直進する南大阪線から、支線の道明寺線と長野線が枝分かれする線路が想像できるだろう。

しかし実際の南大阪線の姿は少し違っている。とくに古市駅のホームから下り線を見るとわかりやすいが、支線である長野線が直進する一方、本線であるはずの南大阪線の線路は、路線図のように直進せず、まるで支線かのように西側に大きくカーブしている。

本線と支線の分岐駅では、本線がまっすぐに進み、支線のほうが分かれていくのが一般的である。しかし、どういうわけか古市駅の線路を見てみると、まるで南大阪線が長野線

大きくＳ字を描く南大阪線の線路

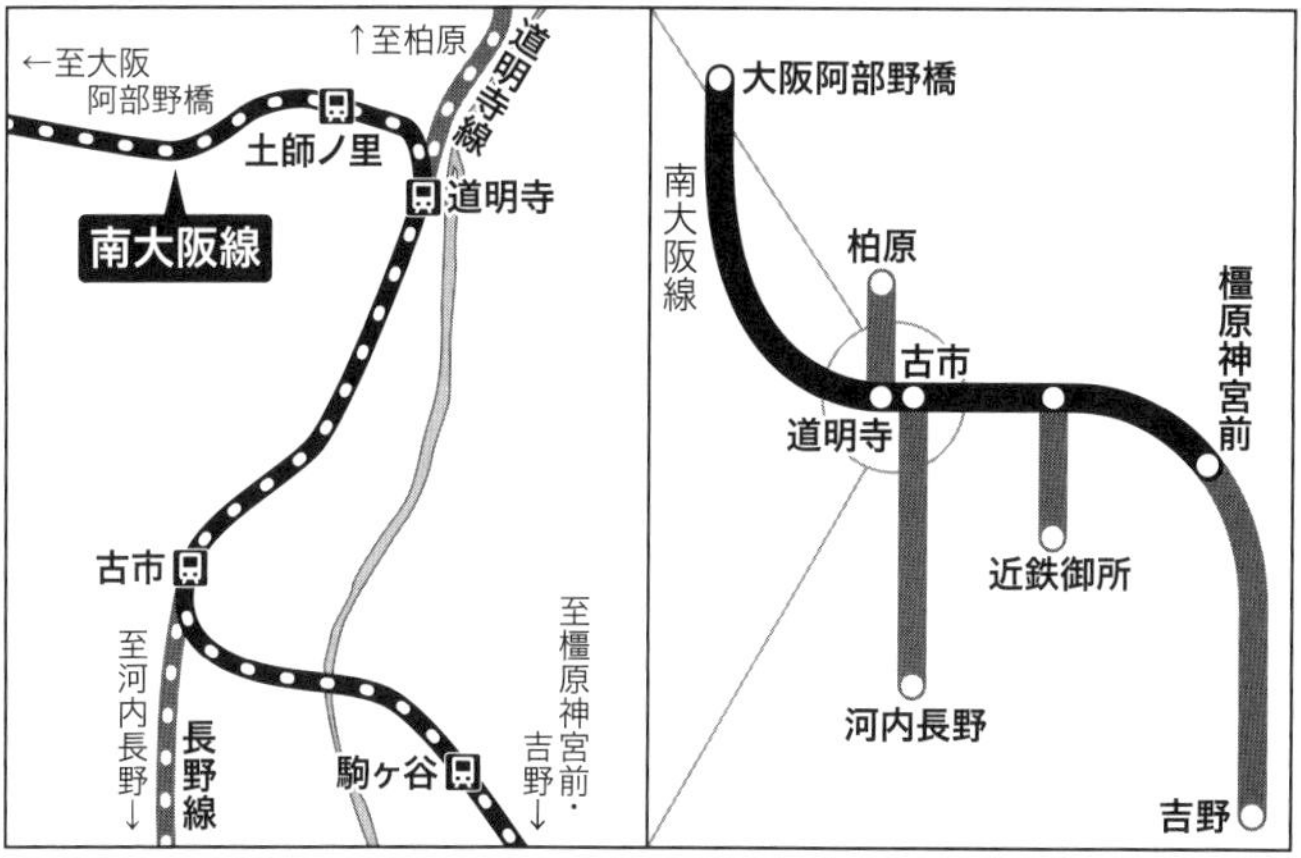

近鉄HP上の路線図では右図のように、南大阪線は本線として直線的に描かれている。しかし実際の古市～道明寺間を拡大すると、長野線や道明寺線が本線のように直線で、南大阪線は支線のようにカーブを描いている。

の支線のような扱いになっている。こうした線形になったのはいったいなぜだろうか。この謎を解くために、南大阪線が歩んできた歴史を振り返ってみたい。

南大阪線の路線史から読み解くカーブの謎

南大阪線のはじまりは一八九八（明治三一）年。南河内地方の人々が設立した「河《か》陽鉄道《ようてつどう》」という私鉄会社が、柏原～富田林間の九・八キロメートルの区間を敷設したのが端緒である。これは都市間を結ぶものではなく、南河内地方を縦貫して途中の集落を結びながら、大阪鉄道（初代、現ＪＲ関西本線）の柏原駅へと接続する地方鉄道であった。つまりこの当時は、古市駅から南へ直進する現在の長野線と、古市～道明寺間、そして柏原駅へ至る現在の道明寺線を結んだ南北の路線が本線だったのである。

やがて一八九九（明治三二）年に「河南鉄道《かなんてつどう》」という会社に引き継がれると、富田林～長野（現河内長野）間へ延伸。そして一九一九（大正八）年に大阪鉄道（以下、大鉄）へ改称したあと一九二二（大正一一）年より、道明寺駅から大阪方面へ路線を伸ばしはじめ、翌年に大阪天王寺（現大阪阿部野橋駅）までを全通させた。

大阪中心部へ進出した大鉄が次に狙ったのが、奈良県だった。大鉄は一九二九（昭和四）年に古市駅から奈良県へと分岐する線を敷設し、久米寺（現橿原神宮前）駅へ至る線路を開通させた。

こうして現在の南大阪線のルートができあがった。つまり、古市駅の南で本線が大きくカーブしているのは、敷設当初は長野線が本線だったからである。

同様の線形は、道明寺駅の北側にもみられる。支線である道明寺線が直進するのに対し、本線の南大阪線の上り列車は左へ急カーブを描く。これも古市駅と同様に、敷設当初は道明寺線が本線であったことの名残だ。

こうした敷設の歴史を思い出しながら南大阪線に乗ってみると、カーブひとつに歴史が刻まれていることを感じられるというものだ。

多くの鉄道ファンを惹きつける大和西大寺駅のスゴさって？

A26 B26
大和西大寺
やまとさいだいじ
Yamato-Saidaiji
奈良線
京都線・橿原線

近鉄の駅のなかで、鉄道ファンが特別に注目する駅が存在する。それが奈良県北部に位置する大和西大寺駅だ。

大和西大寺駅は、大阪と奈良を結ぶ奈良線の途中にあり、北側へ京都線、南側へ橿原線が伸びるジャンクション駅である。一九一四（大正三）年、近鉄の前身である大阪電気軌道が大阪上本町〜奈良間を開通させた折に営業を開始し、さらに一九二一（大正一〇）年に畝傍《うねび》線（現橿原線）の起点駅となったことで分岐駅となった。そして一九二八（昭和三）年に現在の京都線にあたる奈良電気軌道がここまで伸び、四方向から列車が乗り入れる駅となった。その後、一九六三（昭和三八）年から、分岐点の移動や新線増設、駅移動など、大規模な改修工事を行ない現在の形となった。

とにかく複雑な線形

鉄道ファンが大和西大寺駅に注目するのは、ジャンクション駅ならではの構内配線にあ

大和西大寺駅ホームから見た奈良・橿原神宮方面の構内線形。向かって左に奈良方面、右に橿原神宮方面および検車区への線路が伸びる。

る。四方向の路線に加えて、併設する車庫への出入り線や折り返し列車の待避線などもあるため、駅構内の配線が非常に複雑になっているのだ。

プラットホームの端から線路を見ると、交差線や渡り線が縦横に張り巡らされ、無数のポイント（分岐器）があることがわかる。近鉄によると、大和西大寺駅構内のポイント数は全部で四一基。待避線のある中間駅だと、ポイント数は四基が一般的だ。終端駅の場合、五線ある大阪阿部野橋駅でも一二基程度。それに比べると、大和西大寺駅のポイント数が明らかに多いことがわかるだろう。

さらに鉄道ファンの目を楽しませているのが、複雑な構内配線をうまく使った分刻

大和西大寺駅ホームから見た京都・大阪上本町方面の構内線形。向かって左に大阪上本町方面、右へのカーブに京都方面への線路が伸びる。

みの運行である。運行本数が少なければ問題ないが、大和西大寺駅の場合は各路線へ数分ごとに列車を走らせなければならない。四方向へ向けてそれを行なうには、一本の列車を動かすと同時に、別の列車も動かす必要がある。そのため大和西大寺駅では、四一基のポイントをうまく使うことによって、列車の別方向からの同時入線や同時発車を行ない、各路線の運行本数をさばいているのである。

駅改札内に設けられているショッピングモール・タイムズプレイス西大寺には展望デッキが存在する。そこからは大阪・京都方面の線路を見下ろせ、複雑な運行の一端を垣間見ることができる。

A28

近鉄奈良

きんてつなら

Kintetsu-Nara

奈良線

立地をめぐり大論争 近鉄奈良駅の設置はこんなに大変だった！

近畿日本鉄道のルーツを遡ると、大正時代に大阪上本町駅と奈良駅を結んだ大阪電気軌道（以下、大軌）にたどり着く。この路線を敷設した際には、多大な苦労を払っていた。生駒トンネルの掘削に計画の約一・五倍もの資金を費やすことになり、途中で事故も起きるなど、かなり困難な工事を行なって敷設したのである。

しかし大軌開通に要した苦労はそれだけではない。世間にはあまり知られていないが、生駒トンネル掘削に四苦八苦している一方で、目的地の奈良駅の設置場所について、自治体と揉めに揉めていたのである。

当初、大軌は現在の三条通りを併用軌道として奈良市三条町に至るルートで免許を得ていた。しかし付近に農事試験場やガス会社があり、用地買収に難航したため、北側へのルート変更を余儀なくされる。新ルートは大和西大寺から東へ伸びた後、国鉄（現ＪＲ）関西本線を高架で越え、奈良市東向中町《ひがしむきなかまち》（現近鉄奈良駅）へ至るルートだった。

しかしこの変更を申請すると、奈良市が難色を示してきた。奈良公園の景観悪化、人の流れが変わることによる三条通りの衰退などが指摘され、奈良市会議員の過半数が大軌乗り入れに反対したのである。すでに大阪や生駒側では敷設工事を進めていた大軌だったが、終点のターミナルである奈良駅の設置場所が決まらず、計画は宙ぶらりんになってしまった。

ここで奈良県が動き出す。一九一四（大正三）年秋には京都における大正天皇即位の御大典を控えており、県はその記念事業として一〇間（一八・一八メートル）道路の建設を行なう意向があった。しかし商店街である三条通りの拡幅には無理があり、かつ県にはその資金がない。そこで大軌の東向中町への乗り入れを認め、県の代わりに国鉄線と交差する予定の油阪《あぶらさか》から東向中町へ至る道の拡幅工事をやってもらおうと考えたのである。

大軌は県当局を味方につけ、奈良市へ再度東向中町への乗り入れを申請。定例市会では、相変わらず乗り入れ反対派の議員が気勢を上げていたが、七月三一日に内務省の決定がおり、東向中町への乗り入れは許可された。

こうして大軌はようやく用地買収に着手し、開業にこぎつけることができた。その後、奈良線の市内部分は長らく道路との併用軌道で奈良駅も地上駅だったが、昭和三〇年代に自動車交通の激増とともに渋滞問題が発生し、大阪万博に関連する街路整備事業によって地下化されて現在に至る。

吉野鉄道の終点ホーム いまはなんと駐車場に！

F54
六田
むだ
Muda
吉野線

近鉄吉野線は、近鉄大阪線・橿原線の終点である橿原神宮前駅から、吉野山の麓にある吉野駅までを結ぶ路線である。起点にある橿原神宮をはじめ、途中の明日香村には、石舞台古墳や代表的な石造物である亀石、国の史跡に指定されている岩屋山古墳など、飛鳥時代の史跡が数多く残っている。さらに日本三大山城のひとつといわれる高取城址もあり、沿線には歴史的な見どころが多い。終点の吉野駅の周辺には、山桜で有名な吉野山や金峯《きんぷ》山寺《せんじ》などがあり、年間を通じて多くの観光客が利用している路線だ。

さて、その吉野線の途中、吉野川に沿った区間に六田駅がある。ここで少し変わった光景が見られる。駅を降りて、駅前の伊勢街道を三〇〇メートルほど東へ向かって歩いていくと、石積みのプラットホームらしき場所があるのだ。横には線路もあって、今にも電車が走ってきそうな雰囲気だが、なぜかそこは駐車場として使われており、車が停められている。

この奇妙な駐車場、じつは吉野線が誕生した時に使われていた、かつての発着駅跡であ

六田駅付近にある旧吉野駅のプラットホーム跡。石積みの断面と線路がホームの跡であることを伺わせるが、ホーム部分は駐車場に転用されている（提供：大淀町教育委員会）。

る。吉野線を敷設した吉野鉄道の終点「吉野駅」のプラットホームの名残なのだ。かつては三面四線の櫛型ホームであり、そのうちの道路側に位置していたのがこのホームである。東側には線路をまたいだ駅舎があり、その南には吉野鉄道本社の社屋があったという。

終点の吉野駅が移転

吉野鉄道は、地元の実業家が中心となって発起された、吉野山の木材搬出のために吉野口～吉野（現六田）間を結んだ路線である。一九一二（大正元）年一〇月の開業時は吉野軽便《けいべん》鉄道という名前だったが、翌年に吉野鉄道へ変更した。その後は線路の延長と電化に取り組み、一九二三（大正一二）年一二月には吉野口～橿原神宮前間を開業。翌年の一九二四（大正一三）年一一月には、橿原神宮前駅から国鉄桜井線の畝傍駅まで開通させ、国鉄との接続を果たした。

そして吉野鉄道は、吉野山方面への延伸にも着手し、一九二八（昭和三）年三月に、それまで終点だった吉野駅から、さらに吉野川橋梁も含む四・五キロメートルを延長させ、新しい終点を吉野駅とした。これにより旧吉野駅は、六田駅と改称され、二面二線の中間駅となった。櫛型ホームのうち、道路側のプラットホームは使われなくなって、のちに駐車場になったのである。

現在の吉野線のルートを全通させた吉野鉄道だったが、その後は大手私鉄の間で揺れ動いた。近鉄の前身のひとつ大阪鉄道と直通運転を開始したが、そのライバルといえる大阪電気軌道によって吉野鉄道は一九二九（昭和四）年に合併されてしまう。こうして畝傍～吉野間は大軌吉野線となり、のちに近鉄吉野線となった。

かつて吉野川に沿ってのんびりと走っていた吉野線は、今では特急「さくらライナー」をはじめとする南大阪線からの直通列車が主力となっている。桜の美しい吉野山だけでなく、六田駅の駐車場ホームを見て、いまはなき吉野鉄道の面影を感じてみるのも旅情があるだろう。

天理線

かつて天理線は法隆寺駅まで伸びていた！

近鉄天理線は、橿原線が乗り入れる平端《ひらはた》駅から、天理駅までを東西に結ぶ四・五キロメートルの路線である。距離も短く、橿原線の支線といった趣だが、じつはこの路線、かつて平端駅の西側に線路を伸ばしていたことがある。

西側には現在、線路はないが、当時は平端駅から西側へ進んだ列車は、安堵町《あんどちょう》を通り、国鉄（現ＪＲ）関西本線の法隆寺駅横にあった新法隆寺駅へ乗り入れていた。しかしこのルートだけが天理線から切り離され、一九四五（昭和二〇）年二月に休止となり、一九五二（昭和二七）年には正式に廃止されてしまったのだ。

なぜ、平端〜天理間だけが残され、法隆寺方面の路線は消えてしまったのだろうか。この路線の歴史を紐解いてみてみたい。

大軌に買われた天理軽便鉄道

一九一五（大正四）年に新法隆寺〜天理間の約九キロメートルの路線を敷設したのは、

天理軽便鉄道（以下、天理軽鉄）という私鉄会社である。

当時、大阪市内から天理へと向かうには、国鉄関西本線で奈良駅まで出て、国鉄桜井線で丹波市駅（現天理駅）まで向かうしかなかった。これではかなりの迂回ルートとなってしまう。天理は天理教の教会本部がある地であり、多くの信者が訪れる場所にもかかわらず、そこへのアクセスが不便だった。

そこで、国鉄関西本線の法隆寺駅と接続し、そこから天理駅を結ぶショートカット路線が計画された。当時はちょうど日本各地で軽便鉄道ブームが起きていたうえ、天理には、天理教本部があるため明治から大正にかけて人口が急増しており、宗教都市としてさらなる発展が期待されていた。

こうした背景のなか、県会議員の杉本久三郎を中心とする九名の発起人によって天理軽鉄の敷設免許が申請され、政府の認可を得る。そして一九一二（大正元年）年に会社が発足し、三年後に開業を果たした。

開業した天理軽鉄は、軌間七六二ミリメートルのナローゲージで、蒸気機関車が牽引する旅客列車が平常で一日一三往復、天理教大祭などの時は一五往復もしていたという。ただこの蒸気機関車は、石炭と薪を混合して使っていたので、とにかくパワーがなかった。おかげで時速一七キロメートルでしか走れず、乗客の多いときは上り坂で停まってしまう

JR関西本線の法隆寺駅から北東へ徒歩10分ほどのところにある木戸池に、かつて天理軽便鉄道が走っていた築堤跡が残る。

こともあったという。

開業当初こそ多くの乗客が訪れたものの、一か月も過ぎると客数は早くも減少して赤字に転落。往路は新法隆寺駅から天理駅へと向かった乗客も、復路では従来通り、天理駅から国鉄の奈良駅へ出て、関西本線を利用するようになった。

そうした折に天理軽鉄の沿線に食指を伸ばしてきたのが、現在の近鉄の前身、大阪電気軌道（以下、大軌）である。一九一七（大正六）年に西大寺〜橿原神宮前間を南北に結ぶ畝傍線（現橿原線）の敷設を出願した。すると政府は、畝傍線敷設によって天理軽鉄が大打撃を受けるだろうと予想し、大軌が天理軽鉄を買収することを条件に新線の敷設を許可したのである。経営が苦しかった天理軽鉄もこれを受理し、一九二〇（大正九）年一二月、一切の権利が大軌に譲渡された。

大軌は、大阪から天理までの直通運転を計画していた。大阪上本町駅から、奈良線で西大寺へ至り、畝傍線で南下したのちに天理軽鉄線の線路を使って天理駅へ至るルートだ。そのため、畝傍線と天理軽鉄線の交差する地点に平端駅を新設し、そこから天理駅の間を大軌仕様に変えた。すなわち旧天理軽鉄線のうち、平端〜天理間だけがレール幅を一・四三五メートルの標準軌に広げ、同時に電化されて大軌天理線となったのだ。そしてもう一方の新法隆寺〜平端間は大軌法隆寺線として分離。従来の軌道幅のままで電化もされずに取り残され、一九四五年には戦争用資材の供給のために線路が撤去されたのである。

同じ路線として誕生したのに、一方が近鉄路線網の一部として現存し、他方は結果的に消えてしまった。その名残は、現在も随所に見ることができる。新法隆寺駅は現在のＪＲ法隆寺駅の駅前広場あたりにあったとされ、その先にも廃線跡を利用した農道がところどころ続いている。さらに進むと、自動車教習所の北側にある木戸池の真ん中に、赤レンガでつくられた天理軽鉄の路盤跡を見ることができる。

ＪＲ法隆寺駅から近鉄の平端駅までは歩いて二時間程度。のんびり散策しながら、かつての様子を偲んでみるのも楽しそうである。

青山峠の巨大コンクリートは語る「大阪線新ルート」

D56
東青山
ひがしあおやま
Higashi-Aoyama
大阪線

三重県の中西部、津市と伊賀市との境界には青山峠がある。ここは古くから、近畿地方から伊勢神宮への参詣ルートである初瀬《はせ》街道《かいどう》が通っていた。現在も近畿地方から東海地方へ抜ける交通の要衝であることは変わらず、近鉄大阪線が新青山トンネルで峠を貫き、名古屋、三重と大阪を結んでいる。峠の東側には、東青山駅、西側には西青山駅があり、週末は近畿、東海地方のハイキング客で賑わう。

東青山駅から西に遊歩道を歩いていくと、バーベキュー場やキャンプ場が併設されたレストハウス「リベラルパーク青山」にたどり着く。ここからさらに西へ一キロほど遊歩道を進むと、鬱蒼とした山々のなかに突如、拓けた場所が現われる。

まず目に付くのが、広い平地のなかにあるコンクリートの巨大な構造物だ。人の腰ほどの高さで、長さ五〇メートルほどのブロックが二本並んでいる。上面はコンクリートだが、その下部構造は木材で支えられている。いったいこれは何のためのものか。

じつはこの構造物は、使われなくなった駅のプラットホーム跡。かつては近鉄の東青山駅の施設だった残骸である。

現在は新青山トンネルで峠を貫いている近鉄大阪線は、一九七五（昭和五〇）年までは小さなトンネルをいくつも経由して峠をジグザグに走っており、その途中、この山中に東青山駅や西青山駅を置いていた。旧東青山駅は周辺住民のほかは、ハイキング客くらいしか乗り降りがなかったという。

事故が契機となった路線変更

近鉄大阪線を開通させ、旧東青山駅などを設置したのは、参宮急行電鉄（以下、参急）という私鉄会社である。近鉄の前身である大阪電気軌道が、近畿地方から三重県の伊勢神宮へ進出するために一九二七（昭和二）年に設立した子会社だ。

参急は桜井から線路の敷設をはじめ、一九三〇（昭和五）年に青山峠に鉄道を通し、大阪上本町～宇治山田間を結んだ。途中の名張～伊勢中川間はすべて単線で、とくに青山峠の区間に至っては、急勾配や急カーブ、トンネルが連続する登山鉄道のようであった。

やがて事業主体が近畿日本鉄道となり、戦後の経済成長時代に突入すると、単線であることが問題となる。当時は輸送需要の高まりによって、特急や急行列車の増発やスピードアップが急務となっていた。しかし単線区間が多いと、列車を増発しても各駅での行き違

青山峠の旧大阪線ルートと遺構

青山峠一帯には、旧東青山駅ホームなど旧大阪線の遺構が多く残る。但し、侵入禁止の廃トンネルもあるので注意が必要（上記地図は地理院地図をもとに作成）。

い停車が多くなり、スピードアップにはつながらない。そのため近鉄は名張〜伊勢中川間の複線化の工事を進めることになった。

一九五九（昭和三四）年から始まった工事は順調に進み、単線区間は青山峠の一七・九キロメートルだけになった。しかし当該箇所はトンネルや橋梁が多く、複線化には難工事が予想され、なかなか手を付けられなかった。その折、青山峠で悲劇が起きる。一九七一（昭和四六）年、旧東青山〜榊原温泉口間にある総谷《そうたに》トンネル内で名阪特急同士の正面衝突事故が発生したのである。ブレーキの効かなくなった列車が急勾配の下り坂を暴走したのが原因だった。

この事故を受けて近鉄は、青山峠を抜ける新しいルートを開くことを決定した。急勾配や急カーブが連続する路線だったが、より直線的なトンネルを新たに掘削。私鉄最長となる五六五二メートルの新青山トンネルを建設した。そして一九七五年に工事を完了させ、近鉄大阪線は現在のルートを通ることになり、旧線と旧駅は廃止されたのである。

その旧線跡は、冒頭の旧東青山駅跡を含め、大部分が遊歩道になっており、屋外の場所であれば自由に散策できるようになっている。ただし途中に点在するトンネルは通行禁止となっているため、山の斜面を迂回する必要があるほか、旧西青山駅跡は乗馬クラブの敷地となっているため、自由に立ち入れない。

名古屋線

禍《わざわい》転じて福となす 名阪直通の影に自然災害あり！

近鉄名古屋線は、近鉄名古屋駅から伊勢中川駅へ至る七八・八キロメートルの路線で、大阪上本町駅と直通する特急列車が走っている近鉄の基幹路線のひとつだ。

しかし、この直通運転が始まったのは一九五九（昭和三四）年からのことで、それまで名古屋線と大阪線の直通運転は行なわれていなかった。設備の関係で、直通運転が不可能だったのである。

理由は、大阪線の軌間が標準軌（一四三五ミリメートル）なのに対し、名古屋線の軌間は狭軌（一〇六七ミリメートル）だったからである。同じ近鉄の路線で軌間が違うのは、名古屋線の大半の部分を敷設したのが、伊勢電気鉄道（以下、伊勢電）という会社だったためだ。この伊勢電が一九三六（昭和一一）年九月に経営悪化によって現在の近鉄の母体である大阪電気軌道（以下、大軌）系列の参宮急行電鉄と合併したのである。その後、大軌は名古屋進出のために、参宮急行電鉄に関西急行電鉄（以下、関急電）という子会社を設立させ、伊勢電の線路を活かしながら、一九三八（昭和一三）年に名古屋まで開業を果たした。

とはいえ、関急電がつないだ桑名〜名古屋間の線路は、伊勢電の線路（江戸橋〜桑名間）をそのまま延長したものだったので狭軌だった。いくら同じ系列の会社になったからといって、標準軌の大阪線との直通運転はできない。関急電は狭軌区間を江戸橋以南の伊勢中川駅まで伸ばし、ここを大阪線と名古屋線の乗換え駅とするも、やはり直通運転でないのは不便であった。

災害復旧と改軌を同時に

軌間の違いが問題として浮上したのは、戦後の混乱が落ち着いた一九五〇（昭和二五）年頃。人口が増え、輸送力増強など解決すべき課題に取り組まなければならないときに、名阪直通ができないことは大きな障害となっていたのである。近鉄は一九五二（昭和二七）年から工事へ向けた本格的な調査に着手。そして改軌と同時に、急カーブが多くスピードが出しづらかった名古屋線の線形を、駅の移転などによって直線化することが計画された。総延長一七八・八キロメートルの改軌と線路の直線化は大工事である。工事は時間がかかるものと思われた。

ところが、名古屋と大阪を繋ぐ名阪直通は、予想より早い一九五九年に実現した。じつはこの早期実現の裏には、大きな災害があったのだ。

その年、東海地方一帯を伊勢湾台風が襲い、名古屋線は壊滅的被害を受けた。桑名駅以東は線路が水没し、また名古屋線全線にわたり、電柱など鉄道施設の倒壊が起きたうえ、二五両もの車両が破損して使用不能となったのである。

この被害を視察した当時の近鉄社長・佐伯勇は、復旧工事と改軌工事を同時に進める決定を下した。そして千数百人を動員する大工事を連日行ない、なんとわずか九日間で改軌本工事を完了させたのである。

現在、名古屋線と大阪線を繋ぐ近鉄の名阪直通路線は、都市連絡や観光の旅客需要に大きな役割を果たしている。不幸な災害がもたらした名古屋線の工事の早期完成。禍《わざわい》転じて福とは、まさにこのことである。

復旧・改軌工事中の名古屋線(木曽川周辺)。右から国道１号、近鉄新線、近鉄旧線、国鉄関西線(提供：毎日新聞社)。

四日市市街のド真ん中に近鉄の廃線跡がある！

E21 K21
近鉄四日市
きんてつよっかいち
Kintetsu-Yokkaichi
名古屋線
湯の山線

近鉄四日市駅は、三重県最大のターミナル駅である。名古屋、大阪、伊勢志摩方面へつながる名古屋線のほかに、近鉄湯の山線、四日市あすなろう鉄道の内部《うつべ》線が乗り入れている。駅前には三重交通のバスターミナルもあり、交通の集積地という様相だ。駅ビルには近鉄百貨店が入り、周辺は商業施設が充実。オフィスビルや行政機関も立ち並び、駅周辺は三重県随一の繁華街となっている。

市内には、ＪＲ四日市駅もあるのだが、近鉄四日市駅より東側に一キロメートルほど離れた場所にある。近鉄四日市駅周辺が繁華街となっている一方で、ＪＲ四日市駅周辺は静かな印象だ。なぜ二つの駅は、市内でここまで離れているのだろうか。

じつは、近鉄の四日市駅もかつてはＪＲ四日市駅と同じ場所にあった。しかし、一九五六（昭和三一）年に現在の場所に移転し、国鉄（現ＪＲ）の駅と離れることになった。

移転の理由は、名古屋線の線形が悪かったためだ。かつての名古屋線の線路には、旧四日市駅のすぐ北側に半径一〇〇メートルの「善光寺カーブ」があり、そこから西進して市

近鉄名古屋線の旧四日市市内にあった諏訪駅跡地。現在は線路跡が巨大アーケード街「一番街商店街」となり、その中心部分にあたる。

街中心部の諏訪駅に至ると、さらに「天理教カーブ」と呼ばれる急カーブがあった。

この線形になったのは、諏訪～旧四日市間だけは違う鉄道会社が敷設した線路だからである。名古屋線の大部分の区間は、前身の伊勢電気鉄道が一九一七（大正六）年から一九二九（昭和四）年の間に敷設したものだが、諏訪～旧四日市間だけは、湯の山線や内部線などの前身である三重鉄道の線路を譲り受けて使っていたのだ。三重鉄道は、湯の山温泉駅や内部駅から四日市へ向けて東進して諏訪駅を通り、国鉄四日市駅へ接続していた。伊勢電気鉄道がこの線路に自社線を接続させて、無理やり市内を貫通させたため、二つの急カーブができることになったのである。

開通当初は、急カーブが二つあっても問題視されずにいたが、昭和二〇年代後半から事情が変わってくる。輸送需要の高まりによって、名阪間のスピードアップ化に向けて路線改良に取り組んでいた。これら二つの急カーブがあるため、列車は速度制限をしなければならないうえ、二〇メートル級の車両を通すことができない。急カーブはなんとしても解消しなければならない大命題になっていた。

結果として、近鉄は国鉄駅との切り離しを決意した。都市間を結ぶ国鉄への接続が必要条件だった時代は終わり、すでに名阪を結んでいる近鉄にとってはメリットが薄れていた。そして一九五六年九月、海山道《みやまど》〜川原町間を短絡する新線を開通させ、諏訪駅を新線の新しい駅へと移して近鉄四日市駅へと改称したのである。

新たに開業した近鉄四日市駅の周辺は、駅ができる以前は野原だったが、一年後には商店や会社出張所がズラリと立ち並ぶ賑わいとなった。乗降客は近鉄だけでも約二万人で、前年の二〇パーセント増。近鉄四日市駅は、一躍、四日市市の玄関となったのである。

かつて市内を走っていた路線跡は、現在ではその多くが生活道路なっている。途中交差する国道一号より西側の部分は、一番街商店街というアーケード街になっている。その跡を歩いてみれば、市内のど真ん中を電車が走っていたことが実感できるだろう。

四日市中心部を横断していた名古屋線

四日市市内の比較。かつて名古屋線は四日市市内を横断して国鉄四日市駅に乗り入れていたが、スピードアップのために1956年に近鉄四日市駅が西側に新設され、横断ルートは廃止となった(上段:、国土地理院所蔵の航空写真に加

旧内部線・八王子線が廃線を免れた秘策とは？

旧内部線
旧八王子線

三重県最大のジャンクション駅である近鉄四日市駅は、近鉄名古屋線と湯の山線のほかに、四日市あすなろう鉄道の内部線も発着する。この路線はもともと近鉄の内部線だったが、近鉄から七五パーセント、四日市市から二五パーセントの出資を受けて設立された新会社の路線となっている。また途中の日永《ひなが》駅から分岐し西日野駅へ至る八王子線も、近鉄から四日市あすなろう鉄道の所管となった路線である。

この二つの路線、じつは長らく廃止の危機に瀕していた。廃止が検討されはじめたのは一九七〇年代。近鉄は内部線と八王子線のうち、伊勢八王子駅まで伸びていた八王子線の廃止を四日市市に提示していた。沿線住民は、代行バスの運用上の問題点を挙げて廃止に反対したが、一九七四（昭和四九）年の集中豪雨により八王子線の西日野〜伊勢八王子間が破損し、改修されぬまま二年後に廃止となった。

八王子線の日永〜西日野間はかろうじて存続したものの、二線はその後も過疎化とともに利用者が減少を続け、近鉄も赤字路線として再び議題に取り上げる。そして二〇一二

（平成二四）年には近鉄から四日市市へ「一定の運営費補助がなければ鉄道という形態での事業継続が困難」という提案があった。ワンマン運転や駅の無人化など、出来る限りの経営改善を行なっていたものの、毎年三億円もの赤字が続き、近鉄も頭を抱えていたのだ。

しかし沿線住民並びに四日市市は、二線の廃止には反対である。近鉄との間で長らく協議が行なわれたが、現状では一向に赤字から抜け出る道は見いだせなかった。そのなかで鉄道存続の唯一の方策が、四日市あすなろう鉄道の設立だった。では、どのような仕組みで解決したのか。

四日市あすなろう鉄道は、「公有民営方式」と紹介されることが多い。これは、施設や土地、車両などを沿線自治体が保有し、鉄道事業者はこれらを無償で借り受けて運営することだ。四日市の場合、施設保有者は近鉄から駅や車両、敷地などを買い上げた四日市市で、事業者は四日市あすなろう鉄道である。

じつは鉄道が赤字になる要因は、そのほとんどが施設保有にかかわる経費である。それを自治体が負担することによって、事業者は黒字で運営できる。近鉄は施設を市に売却することによって、固定資産税や施設維持費の負担をなくしたのである。

内部線と八王子線が廃線の危機を脱したのには、こうした制度をうまく使った奇策があったのだ。

城北川に架かる「大喜橋」に隠された未完の四条畷線

四条畷線

（未成線）

大阪は運河や河川が多くあり、〝八百八橋《はっぴゃくやばし》〟（実際には江戸時代中期には一〇八橋しかなかった）と呼ばれるほど多くの橋が架かっている。大阪が「橋の町」と呼ばれる所以である。城北川《しろきたがわ》に架かる大喜橋《だいきばし》もそのひとつ。じつはこの橋、近鉄の前身である大阪電気軌道（以下、大軌）が建設したものである。大軌がつくったことから「大喜」と名付けられた。では、沿線圏からも離れているこの場所に、いったいなぜ大軌は橋を架けたのか。

一九一四（大正三）年に大阪上本町～奈良間を開通させた大軌は、続いて北河内地区への進出を狙って「四条畷《しじょうなわて》線」の敷設を企図した。東大阪～四条畷の地域に奈良線と並行する路線を敷設し、面的な沿線圏を構築する狙いがあった。起点とする大阪側のターミナルは、現在帝国ホテルがある一帯の天満橋《てんまばし》筋四丁目を予定し、そこから北東の四条畷方面へ延長。現在の大阪産業大付近で南へ折れ、生駒山麓を走りつつ奈良線の鷲尾《わしお》駅へと至るものだった。のちに終点を鷲尾駅から額田《ぬかた》駅に変更した。

しかし現在の大阪線である八木線と参宮急行電鉄の敷設に注力するあまり、四条畷線の

上空からみた城北川のようす。大軌が建設した大喜橋は一番手前。ほかの橋と違い、中央部がコンクリート橋脚で支えられている。

敷設は先延ばしになり、ようやく着手したのは一九三〇（昭和五）年だった。七月に今福〜寺川間の七・八キロメートルの工事を行ない、翌々年の六月には城北川の架橋を含めた蒲生〜今福間一・三キロメートルの工事に着手した。

二転三転したターミナル駅の位置

計画線の途中にある蒲生〜寺川間の路盤工事は順調に進んでいたものの、じつはこのとき大阪側のターミナル駅の場所が定まっていなかった。計画当初、起点として天満橋筋四丁目を選んだのは、大阪市が計画していた大阪市電・梅田空心町《くうしんちょう》線（梅田阪急〜扇橋〜天満橋筋四丁目〜空心町二丁目）と接続するためだった。しかし大阪市の工事が進まず、扇橋からいっこうに市電が伸びてこない。そこで大軌は桜ノ宮駅を新たなターミナルとし、計画を練り直した。このとき大軌は、京阪電鉄が梅田線のために所有していた土地を使うことを考えていた。

しかし一九三二（昭和七）年、頼みの綱であった京阪電鉄の梅田線計画が中断してしまう。すると京阪との用地提供の話はなくなり、ターミナル駅の場所だけが決まらないままとなってしまった。

さらに一二月には、ライバルだった国鉄（現ＪＲ）片町線において片町～四条畷間が電化し、サービスが大幅に向上した。これに大軌も慌てた。もし四条畷線を開通させたとしても、片町線と比較してサービス面で劣ることは確実である。加えて、大阪府が四条畷線の計画ルートと並走する産業道路の建設をはじめた。するといよいよ四条畷線の採算化が不透明になってくる。結局、一九三四（昭和九）年に敷設工事は中止され、四条畷線は未完成のまま計画自体がなくなったのである。

大軌がみせた「商魂」

蒲生～寺川間の路盤や鉄道橋を建設しながら、未完成に終わった四条畷線だが、その名残は大喜橋以外にも残っている。蒲生～寺川間の路盤は、大阪府や当時この地域の市街地

未完成に終わった大軌四条畷線

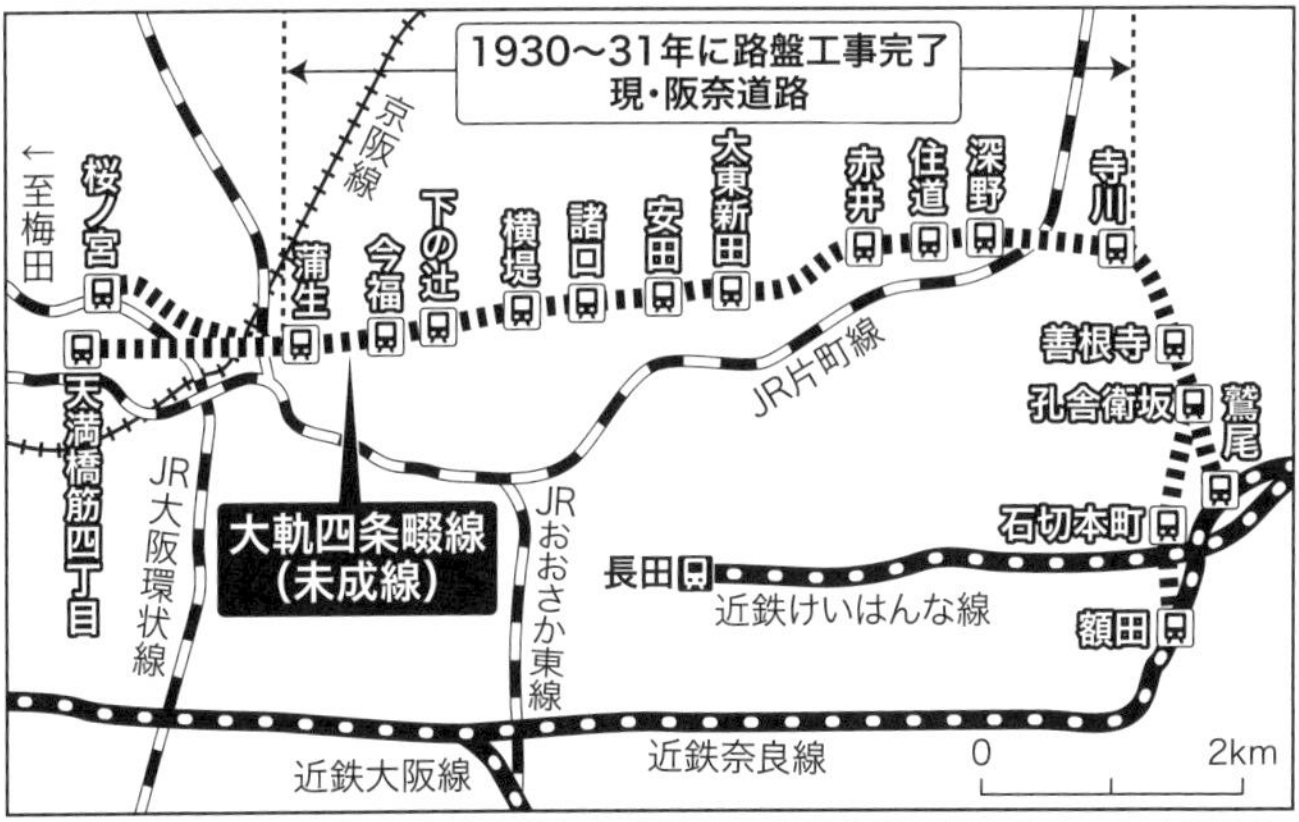

近鉄の前身である大軌は、生駒山麓から北側から大阪市街へ向かうルートを計画していた。しかし大阪側のターミナルの位置が天満橋筋四丁目もしくは桜ノ宮などに動いてなかなか決まらないうちに国鉄（現JR）片町線が電化したため、蒲生〜寺川まで路盤工事を済ませていたにもかかわらず四条畷線計画は頓挫となった。

開発を行なっていた今福土地整理組合へそれぞれ有償譲渡され、産業道路となった。現在、ここは大阪〜奈良を結ぶ阪奈道路《はんなどうろ》の一部として多くの自動車が往来する交通の要衝である。

　大軌は転んでもただでは起きない。路盤の有償譲渡だけでなく、産業道路の開通に合わせて一九四〇（昭和一五）年から京橋〜蒲生〜住道を結ぶバス路線の営業を開始したのだ。そして一九六一（昭和三六）年からは東野田から梅田まで延長した。沿線圏から離れているにもかかわらず、阪奈道路に近鉄バスが走っているのはこのためである。ライバル私鉄企業を次々と買収し自社の沿線圏を拡大していった、大軌らしい商魂を感じることができる。

近鉄の路線が堺を走る!?二度もチャンスを逃した堺線計画

南大阪線

大阪府堺市は、大阪市の南部にある近郊都市である。大阪からはＪＲ阪和線や南海本線、南海高野線、阪堺電鉄、大阪市営地下鉄御堂筋線、泉北高速鉄道線などがつながっており、近郊のベッドタウンとしても注目されている。

しかし地図を見ると、堺を通る鉄道はみな南北方向ばかり。東西方向の移動はバスか車に頼るのみで非常に不便だ。こうした交通軸の偏重は昔の人も感じていたらしく、堺市を横断する鉄道路線の必要性が古くから論じられていた。そのなかに、近鉄もあった。

近鉄南大阪線の前身である大阪鉄道（以下、大鉄）は、古市もしくは布忍から堺へ路線敷設を計画していたことがある。発端は一九二〇（大正九）年、南大阪電気鉄道（以下、南大阪電鉄）という私鉄が、高田～古市～堺東の敷設免許を取得したことにはじまる。南大阪電鉄はほとんど実態のない企業であり、免許だけを持ちながら事業化しなかった。

一方、競合路線を計画された大鉄は、何としても南大阪電鉄を阻止しようと、松原～堺間を申請。一九二六（大正一五）年に南大阪電鉄を吸収合併して敷設権を得たのである。

大鉄・近鉄・南海が計画した堺への路線

近鉄南大阪線の前身、大阪鉄道（大鉄）は古市もしくは布忍から堺へ西進する路線を計画していたが着手されず、近鉄も堺線計画を引き継いだものの未成線となったままである。

堺延伸を目指した大鉄

ライバルを排した大鉄は、堺線の計画を布忍《ぬのせ》～浅香山へと変更する。しかし直後におきた昭和恐慌や大鉄自身の業績不振の影響からか、大鉄はいつまでも工事を行なわなかった。業を煮やした一部の堺市議が、大鉄の免許を取り消してほかの私鉄会社にすべきと発議するに至ると、大鉄はようやく重い腰を上げ、一九二九（昭和四）年に堺線敷設通告を再度行なった。

しかし当時、大鉄は用地買収すら行なえる状態ではないほど経営状態が悪化していた。そうしてさらに計画が放置されているうちに大鉄は、関西急行電鉄（旧大軌）によって一九四三（昭和一八）年に吸収合併されてしまったのである。

その関西急行電鉄の名前も翌年、近畿日本鉄道へと改称している。近鉄では、大鉄が企図していた堺線構想をそのまま温存していた。当時は堺・泉北臨海工業地帯が開発され、南河内から堺へ至る東西間の鉄道が注目されていたのだ。近鉄は大鉄から継承した古市〜堺東間の免許線につなげる形で、一九六〇（昭和三五）年に堺東〜三宝町間の免許を申請する。このとき布忍や三国ヶ丘を通る路線も予定していた。

しかしそこに思わぬライバルが登場する。南海電鉄が八尾を起点に瓜破《うりわり》〜三国ヶ丘〜堺〜大浜へ至る路線を申請したのだ。三国ヶ丘から堺までは、近鉄の堺線のルートとほとんど重なっている。結局、大阪陸運局は、両社の計画線が並行していることを理由に一九六二（昭和三七）年に両申請を却下している。

それでも近鉄と南海は、その後も一部ルートを変更して再申請するなど新線計画に積極性を見せるが、なかなか採用されなかった。そうこうしているうちに、堺線の敷設ルート周辺で住宅開発が進んで地価が高騰し、さらに市街地化が進んで用地買収が困難になってしまう。そして結局、敷設計画は中断。近鉄はその後も免許を保持していたが、一九九一（平成三）年に取り下げた。南海電鉄と競合しなければ、もしかしたら堺市を東西に結ぶ鉄道を見ることができたのかもしれない。

近鉄京都線の駅から なぜか京阪バスが発着するワケ

京都線

ほとんどの私鉄は自社の沿線地域を営業エリアとして、バス事業を同時に展開している。当然、近鉄もほかの私鉄同様に沿線で近鉄バスを走らせているのだが、どういうわけかあるエリアだけ、そうではないところがある。

それは京都線エリア。竹田駅と向島駅の二駅にしか近鉄バスが走らず、そのほかの近鉄・大久保駅や寺田駅、新田辺駅などの周辺は京阪バスが巡行しているのだ。

京阪バスが近鉄の駅に発着し、乗客を乗せて行ってしまうなど、一般的には考えられないが、そこには近鉄京都線の成り立ちとかかわる、きちんとした理由がある。

奈良電を巡る近鉄と京阪電鉄の関係

京都線はもともと一九二八（昭和三）年に奈良電気鉄道（以下、奈良電）という私鉄会社が開通させた路線である。一九二五（大正一四）年に設立された奈良電は、当初から近鉄の前身である大阪電気軌道（以下、大軌）と京阪電鉄（以下、京阪）の合弁会社であった。資本金四五〇万円、持株総数九万株のうち、大軌が一万九四〇〇株、京阪が二万株を引き受けていた。そして会社重役には京阪系、大軌系が顔を連ねていた。

こうして二社の合弁でスタートした奈良電は、当初の営業は順調であった。しかし、一九四〇年代からは沿線開発の遅れによって徐々に乗客数が伸び悩みはじめ、さらに台風などの被害による設備復旧費用や人件費の増加などによって経営が圧迫されるようになる。抜本的な改革をしようにも、大軌と京阪という二つの大きな私鉄会社が関係していては、まとまる話もまとまらない。社内を改革し、再建するためには、大軌（一九四四年より近鉄）と京阪のどちらかを選択する必要があった。

一九五〇年代には、奈良電の持ち株比率は、奈良電、近鉄、京阪でそれぞれが三割ずつ程度だった。しかし奈良電の業績が伸びず、株主配当が無配となった一九五九（昭和三四）年頃から近鉄は奈良電の経営再建に参画しようと、積極的に株の買い占めを行なう。そして一九六一年（昭和三六）年には、一九〇万株のうち、過半数の九八万株を確保。京阪もこれに対抗したが七一万株までしか買い進められなかった。

近鉄に過半数の株式を握られ、残りもほとんど京阪に保有されたとあっては、もはや奈良電に経営権はないに等しい。両社は関西電力社長の太田垣士郎《おおたがきしろう》氏を仲介役につけ、ついにどちらが奈良電を吸収するか協議をはじめたのである。太田垣氏は丹波橋～大和西大寺

京阪バスは近鉄京都線沿線を走っている。写真のバスの行先は「近鉄新田辺」と表示されており、近鉄沿線圏の道路交通網の一端を担っていることがわかる。

間を近鉄に、丹波橋～京都間を京阪に事業譲渡することを提案したが、「レールは一本。二つにわけることはできない」として近鉄側が拒否するなど、交渉は難航した。

そして最終的にまとまった折衷案は、近鉄が、京阪が保有する奈良電の株を全て買取り、奈良電を近鉄の傘下とすること。その交換条件として、近鉄は京阪に京都～奈良間のバス事業を譲渡することだった。

そして翌年四月には、京阪の持つ株式がすべて近鉄に譲渡され、奈良電は近鉄の子会社となり、さらに翌年の一〇月には吸収合併されて京都～大和西大寺間の路線は、近鉄京都線と改称された。

こうして近鉄京都線の駅で京阪バスが発着する奇妙な状況が生まれたのである。

A20

学園前
がくえんまえ
Gakuemmae
奈良線

ご利益いっぱい！ 七柱の神々を集めた近鉄の「日本鉄道神社」

鉄道会社は、安全祈願や殉職者祈祷のために自社内に神社を設ける場合がある。たとえば、ＪＲ東日本の場合は東京本社、ＪＲ西日本の場合は西日本本社、ＪＲ九州は博多駅ビルの屋上に鉄道神社が鎮座している。

近鉄の場合も、自社だけの鉄道神社が存在する。場所は、大和文華館の敷地内だ。大和文華館は近鉄奈良線の学園前駅近くに位置する美術館で、日本美術の素晴らしさを発信する施設を建設しようという意図のもと建設された文化施設だ。開館は、近鉄（大軌）の創立五〇周年にあたる一九六〇（昭和三五）年のことである。

この大和文華館の中門を入ってすぐ左手の木立の中に神社が鎮座している。神社は三つ並んでおり、中央に日本鉄道神社があり、その向かって右に磐舟《いわふね》稲荷、左手が日本鉄道霊社だ。磐舟稲荷は商売繁盛を司る稲荷大明神を伏見から勧請したもので、日本鉄道霊社には、生駒トンネル掘削工事の犠牲者など、創業以来の関係物故者、功労者など事業に関わった故人の霊が祀られている。

日本鉄道神社に祀られている分霊の本社

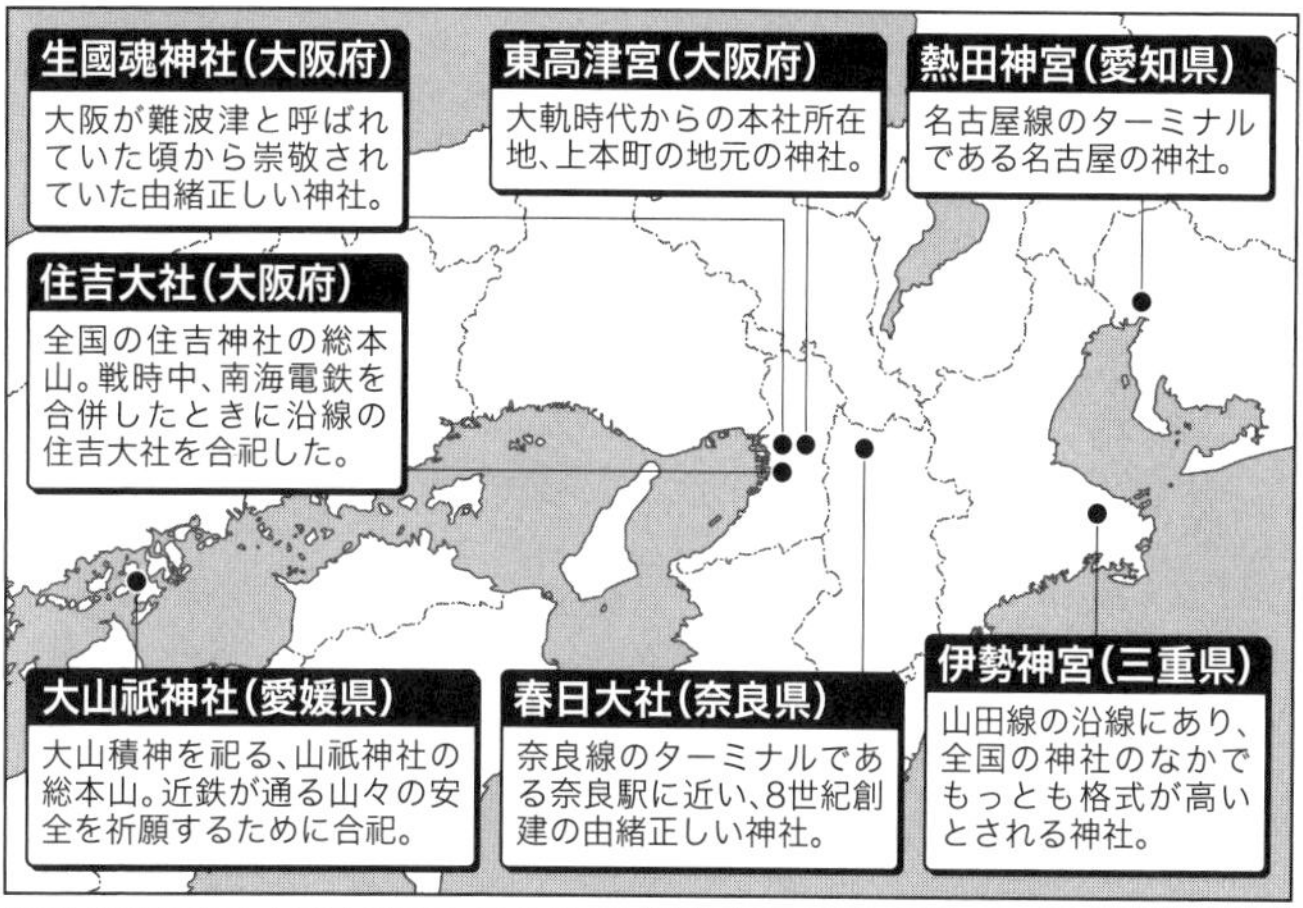

近鉄が運営する大和文華館にある「日本鉄道神社」には、沿線圏の格式の高い神社の神が7柱も合祀されている。

驚かされるのは中央の日本鉄道神社である。この神社には、摂津一之宮である大阪を代表する神社・生國魂《いくにたま》神社、日本の神社のなかでもっとも格式の高い三重の伊勢神宮、愛知の熱田《あつた》神宮、山の神である愛媛の大山祇《おおやまづみ》神社、近鉄本社がある大阪上本町の地主神の東高津宮《ひがしこうづぐう》、さらに奈良を代表する神社である春日大社に、海の神を祀る住吉大社など、沿線や鉄道にゆかりのある七社もの神様が合祀されたハイブリッド神社である。

　七社分の神を参拝でき、ご利益がいっぱいありそうな日本鉄道神社。しかし、現在は近鉄の行事の際に参拝されるのみで、一般開放はされていない。

大阪から名張までをつなぐ幻の地下鉄計画があった！

近畿日本鉄道

近鉄は、奈良盆地全体に鉄道網を張り巡らせている。生駒線、田原本線、橿原線が南北に貫き、大阪線、奈良線が東西を結ぶ。一方、JRは王寺〜郡山〜奈良へ至る関西本線のほかに和歌山線、桜井線が南部に走る。鉄道網は一見、奈良盆地全体をカバーしているように見えるが、じつは盆地中部を東西に抜ける路線が欠けている。それぞれが北側か南側へ偏重しており、真ん中を貫く路線がないのだ。

じつはこの問題に対処するため、地下区間を含む長大な新線をつくる構想があった。奈良県が一九八五（昭和六〇）年に近鉄へ「大和中央線」構想を持ちかけたのである。大阪市営地下鉄千日前《せんにちまえ》線を南巽《みなみたつみ》駅から弥刀《みと》駅まで延伸し、大阪線で河内山本駅へ至り、一部信貴線の線路を用いながら、信貴山を地下トンネルで貫通する。その後はJR関西本線の法隆寺駅を通って、天理軽便鉄道の廃線跡を利用して平端駅へ至り、天理線の線路で天理駅へ。そしてそのまま地下線で名張駅へと至る路線である。

この大和中央線が開通すれば、奈良盆地中央部の東西交通が確立されるだろう。また奈

奈良盆地の東西交通軸と大和中央線

近鉄はかつて大阪平野から奈良盆地をほとんど地下で移動する大和中央線を計画していたが、バブル崩壊とともにその夢は頓挫した。

良盆地南部へ遠回りせずに名張まで行けるため、ビスタカーなどの名阪特急をさらに早く通すことができる。

しかし計画したのは折しも昭和末期。バブル崩壊によって、日本の景気は急速に悪化した。当然、大和中央線の敷設を、などと言っていられる状況ではなくなった。奈良県はこの構想を取り下げ、以来議題として挙がっていない。

奈良盆地を地下で貫くという壮大な計画の大和中央線構想。近鉄によると、社内には資料すら残っていないという。現在の状況では、新線を敷設するより、既存の路線のスピードアップやサービス向上が優先されるため、いまでは顧みられることもないようだ。

近畿日本鉄道

近鉄百貨店のルーツは京都の土産物屋だった⁉

大阪の阿部野橋や上本町、さらに奈良、名古屋など、近鉄の主要な駅には、近鉄百貨店がある。いまでこそひとつの会社が運営しているが、二〇〇一（平成一三）年まで、百貨店は二つの会社に分かれていた。株式会社近鉄百貨店と株式会社京都近鉄百貨店である。じつは両社はもともとルーツが違っていた。

近鉄百貨店は、鉄道会社の百貨店部門にルーツがある。近鉄の前身・大阪電気軌道が一九三六（昭和一一）年に開業した大軌百貨店がはじまりである。それが現在の上本町店だ。翌年、もうひとつの前身会社の大阪鉄道が大鉄百貨店（現・あべのハルカス近鉄本店）を開業している。

一方、京都近鉄百貨店のルーツは、鉄道会社とは無関係だ。一九二〇（大正九）年に中《なか》林仁一郎《ばやしにいちろう》が京都駅前に開業した「京都物産館」がはじまりで、当初は八ツ橋や宇治茶、帯、清水焼、京人形などを取り扱う土産物屋だった。百貨店興隆期の当時は客足が絶えず、一九二六（大正一五）年には隣接地に六階建ての新館「物産館」を建設。百貨店として華々しくデビューし、やがて西陣、岐阜などに支店を開店して一九三一（昭和六）年に「丸《まる》物《ぶつ》」へ商号変更した。

　丸物は、戦後も東京などに進出して、破竹の勢いだったが、創業者の死後、経営が悪化。そこで、一九六六（昭和四一）年に近鉄百貨店が資本参加し、一九七七（昭和五二）年、株式会社京都近鉄百貨店へ商号変更した。そして前述のとおり、二〇〇一年に近鉄百貨店と一体になったのである。

1920年に撮影された、創業当時の京都物産館の外観。この京都駅前の土産物屋が、近鉄百貨店の系列の中でもっとも古い創業である。

　ここで面白いのは、京都近鉄百貨店のほうが、創業が早いことである。何せ大正時代の土産物屋がはじまりだ。二〇〇一年の合併によって京都近鉄百貨店は、近鉄百貨店に吸収されたが、京都近鉄百貨店の歴史のほうが古いため、現在も近鉄百貨店のホームページ上の沿革には、大軌百貨店ではなく、京都物産館が同社のはじまりとして書かれている。

第二章

地理から読み解く近鉄沿線不思議地図

B17
興戸
こうど
Kodo
京都線

条里を斜行する府道と鉄道は古代の官道の名残

近鉄京都線の興戸駅は同志社大学・同志社女子大学の最寄り駅である。駅の東側は田地が広がっている一方で、西側の丘陵地には両大学のキャンパスや住宅地がある。

この一帯の地図を眺めてみると、興戸駅の周辺に広がる田地が東西南北にきれいに区分されていることに気づくだろう。これは古代の条里制の名残を留めた地割である。条里制とは、奈良時代末期から平安時代初期にかけて施行された日本最初の農地の区画整理のこと。長方形や正方形の地割をつくっていた。

しかしそうした条里地割のなか、府道二二号やJR片町線（学研都市線）、そして近鉄京都線が斜めに走っている箇所がある。近鉄京都線でいえば、三山木《みやまき》～新田辺間の北西から南東へ線路を伸ばしている区間だ。なぜこれら道路や鉄道は条里制を無視して斜めに走っているのか。

じつはこの斜めの道路と鉄道は、古代の官道・山陽道に沿っている。奈良時代には平城京から、平安時代には平安京から北九州へ伸びていた幹線道で、当時の日本最大級かつ最

条里を斜めに切る鉄道と道路

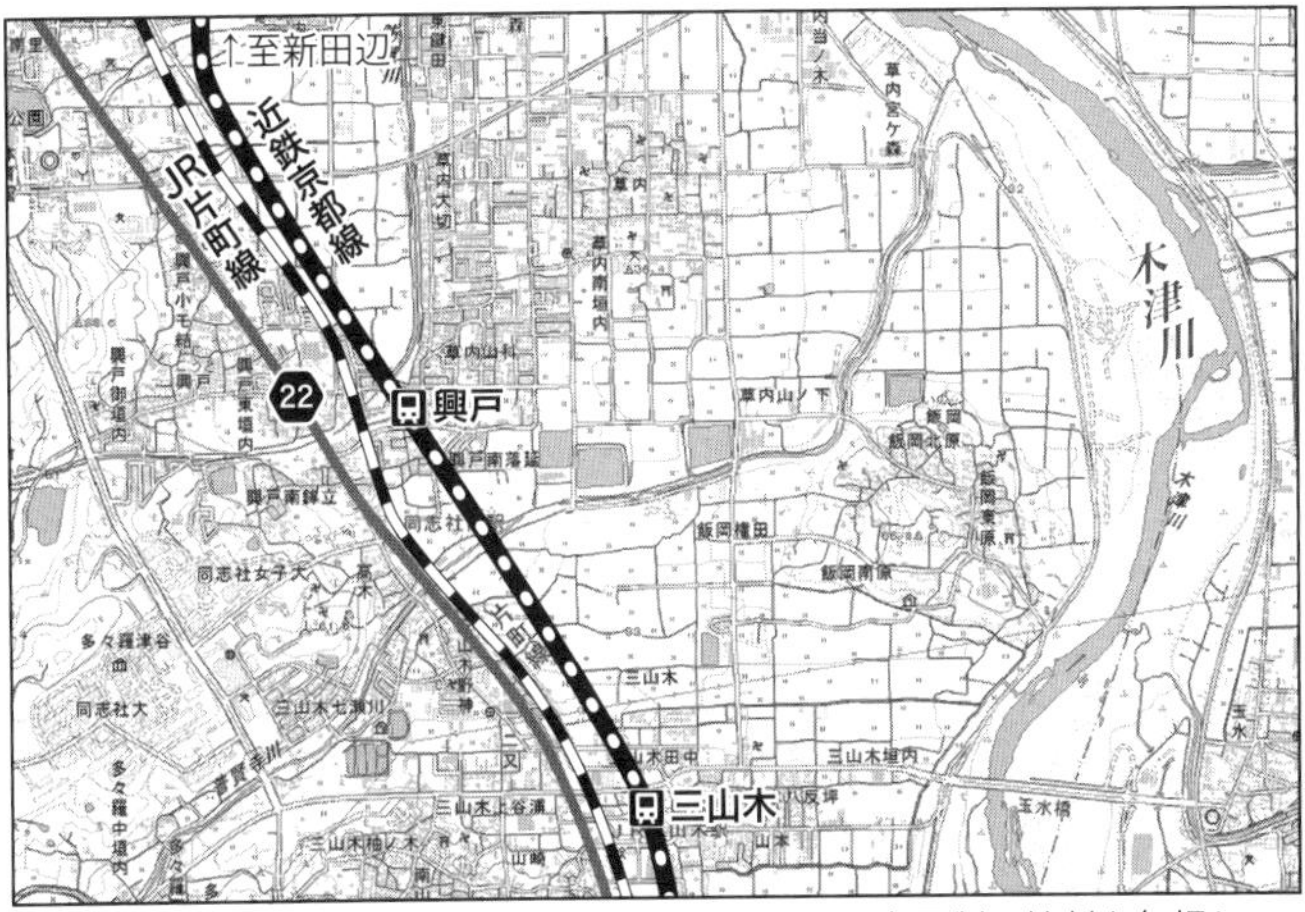

三山木～新田辺間の地図。東西南北の正方位に沿った条里制の地割を無視して、道路と鉄道が斜めに貫通している(地理院地図をもとに作成)。

三山木駅の東側にある史跡・山本駅跡。平城京から伸びていた古代山陽道における、ひとつ目の駅家だった。

重要の道路。でもなぜ条里を無視したのか。そこには官道ならではの理由があった。

条里と相反する官道の整備目的

奈良時代、朝廷は直線道路の建設・整備を政策として行なっていた。情報伝達や官吏の往来、物資の運搬などをスムーズに行なうためだ。都から全国へ放射状に、山陽道を含む「七道」を整備し、一定の間隔ごとに駅家《うまや》を設置した。三山木駅の東側に「山本駅跡」という石碑があるが、平城京の次に置かれた山陽道の最初の駅家がこの山本駅である。

官道は、遠隔地と都を最短距離で結ぶことを目的としているため、可能な限り直線でつくられた。条里制の東西南北に沿った地割も大切だが、官道の整備目的がそれよりも優先されたのである。そうした都合から、地割を無視して山陽道が敷かれたわけだ。そしてこの道は、都が京都に移ったあとも南山城地方を南北に結ぶ街道となり、後世まで引き継がれてきた。

そして一八九八（明治三一）年に関西鉄道が片町線を敷設する際、この街道沿いのルートが選ばれた。次いで一九二八（昭和三）年に開通した近鉄京都線の前身である奈良電気鉄道の敷設ルートも、旧山陽道に沿ったルートである。条里を無視した道路と鉄道は、こうしてできあがったのである。

神社の参道なのに下り坂。不思議な石切参道ができたもっともな理由

A16
石切
いしきり
Ishikiri
奈良線

大阪難波駅を出発した近鉄難波線は、布施駅で大阪線と奈良線へと分岐する。南の八尾方面へ行く大阪線を尻目に、まっすぐ東へ伸びた奈良線は、生駒山麓を北上してトンネルによって生駒山を抜けるルートへと入る。この手前に位置する駅が石切駅である。

石切という名称は、駅の西側にある石切劔箭神社《いしきりつるぎやじんじゃ》が由来である。腫れ物、できものの神様で、「でんぼの神さん」として古くから親しまれている神社だ。石切駅で降りる人は地元の人以外は参詣客がほとんどである。

また石切駅から石切劔箭神社へ向かう参道もこの町の見どころのひとつ。一般には石切参道といわれているこの道は、土産物屋や食堂、漢方薬局や占い師、祈祷師の店が立ち並ぶ名物スポットだ。

しかしこの参道、どこか違和感がある。本来、神社へ続く参道は神社へ向かって登っていくものだ。それは神社が山裾や高台に立てられていることが多いからで、そこへ向かう道は自然と登り坂になる。しかし、石切参道の場合は、駅から神社まで急な下り坂を歩く

ことになる。坂を下って辿り着く神社は、全国でもそうそうない。

じつはこの石切参道、もとは参道ではなかった。本来の参道は、神社の西側。かつて京都から高野山への参詣ルートとして賑わっていた東高野街道《ひがしこうやかいどう》（京都・石清水八幡宮～洞ヶ峠～石切～河内長野）側に設けられていた。

ところが一九一四（大正三）年に近鉄の前身である大阪電気軌道が、神社の東側、生駒山麓に駅を設置すると、神社への人の流れが西側の東高野街道から東側の駅方面へ変わった。石切参道ができたのはこのときである。駅設置とともに人が集まったおかげでできた道だった。神社よりも高台の生駒山麓に駅が設置されたため、当然、駅から神社へは下り坂となる。

しかし現在、この石切参道にも暗雲が立ち込めている。じつは石切駅周辺の参道沿いの店舗が次々に閉店しているという。その理由は、神社の西側に新しく近鉄けいはんな線の新石切駅ができたから。新石切駅を利用する参拝客は、名所である石切参道へも訪れるが、参道の途中まで行くだけで、そこから引き返して新石切駅から帰ることが多いらしい。すると石切駅周辺の店へは客足が向かなくなってしまう。

鉄道駅とともにできた商店街は、やはり鉄道駅がつくりだす人の流れには抗えないということだろうか。

石切劔箭神社の境内。境内の入り口にある百度石と本殿の前の間をひたすら往復する「お百度参り」が行なわれることで有名である。

近鉄奈良線の石切駅から石切劔箭神社へ向かう途中にある石切参道。古来からある参道ではなく、駅開設によってつくられた新しい道だ。

田原本～桜井間を結ぶ県道が条里に対して斜めに走るワケ

D42
桜井
さくらい
Sakurai
大阪線

五八ページでは、条里制を無視して山陽道が敷かれ、のちに鉄道が平行に同様のルートを通った例を紹介したが、同じような場所がほかにもある。奈良県の田原本町から桜井市にかけてのエリアだ。地図を見ると、条里区画を斜めに横切る県道一四号が確認できる。じつは県道一四号は、鉄道の線路跡を利用してつくられた道。一九一八（大正七）年に開業した大和鉄道の跡地である。

大和鉄道は、王寺《おうじ》を起点に、奈良盆地中央部の田原本を経由し、かつての大和川水運の終点だった桜井までを結んでいた。この三地点を最短で結ぶルートが、奈良盆地に広がる碁盤目状の区画を斜めに横切るように走るルートだったというわけである。当初は現在の田原本線にあたる王寺～田原本間だったが、一九二二（大正一一）年に味間《あじま》駅まで、翌年に桜井駅までの開業を果たした。

しかし翌年、近鉄の前身・大阪電気軌道（以下、大軌）が現在の橿原線にあたる畝傍線を全通させたことで存続が危うくなる。大和鉄道の乗客は激減していき、結局一九二五

条里を斜めに切る旧大和鉄道線跡（県道14号）

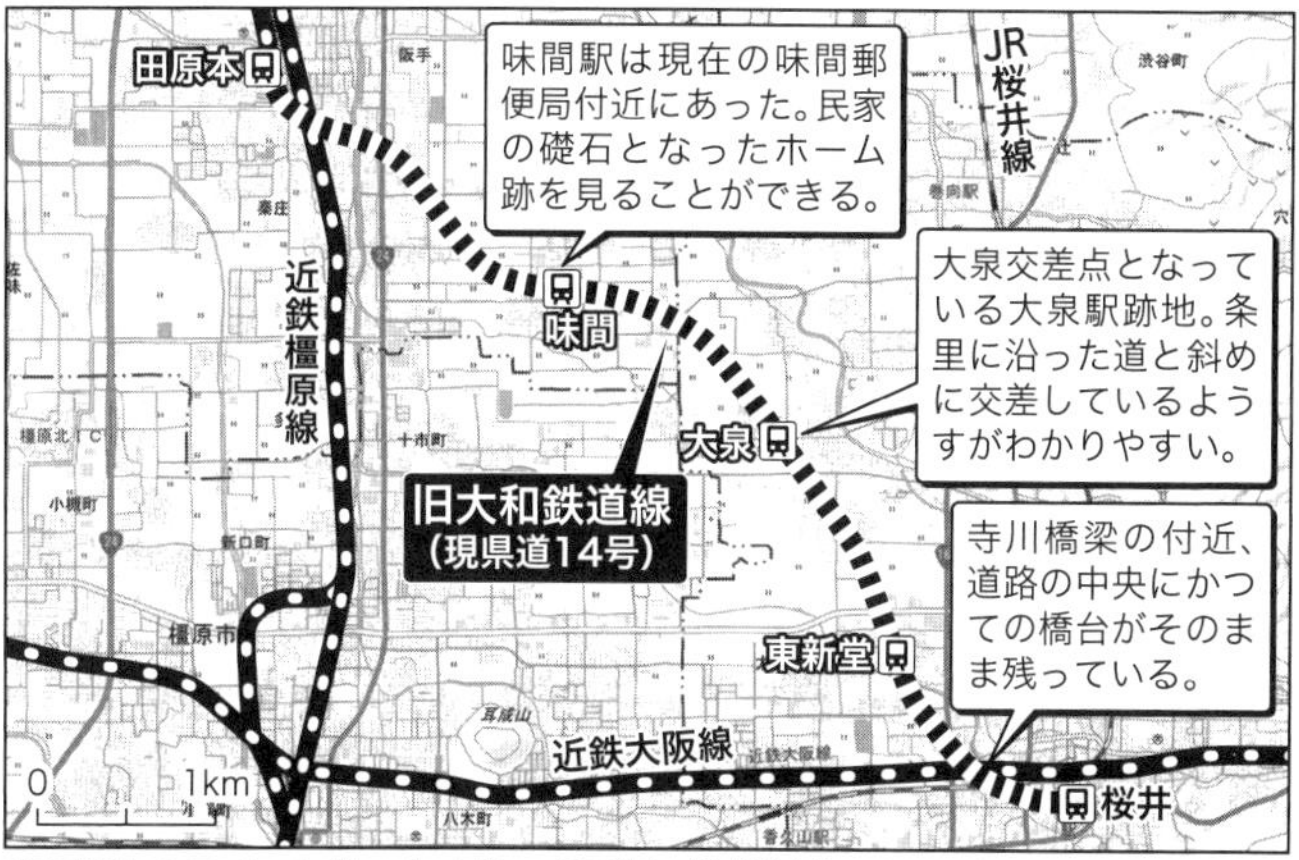

東西南北のラインに沿った古代の条理制の地割が残るなか、大和鉄道線跡の県道14号だけがいまも斜めに走っている。桜井駅の西側、寺川橋梁には、大和鉄道の橋台跡がいまも道路の真ん中に放置されている（地理院地図をもとに作成）。

（大正一四）年に大軌の傘下となった。

さらに、戦時には、鉄道路線の施設の資材を軍事転用するため、大和鉄道の田原本～桜井間が廃止路線となってしまった。

そして、線路が撤去された田原本～桜井間が県道一四号となったというわけだ。桜井駅から西へ高架に沿って八〇〇メートルほど歩くと、大阪線の高架下を流れる寺川周辺に、大和鉄道時代の橋台が残されている。道の真ん中にそのまま放置されたその姿は、かつての大和鉄道を示す記念碑のようだ。

寺川の脇道の真ん中に放置された大和鉄道の橋台跡。

B25

平城
へいじょう
Heijo
京都線

古墳のような楕円の区割りの正体 それは競馬場の跡

京都線の終点である大和西大寺駅のひとつ京都側に平城駅がある。駅の周辺には、神功《じんぐう》皇后《こうごう》陵や成務《せいむ》天皇陵など、歴史的遺産が数多く残る。奈良市が定めた全長二七キロメートルに及ぶハイキングコース「歴史の道」も駅周辺にあり、散策するだけで歴史を堪能することができる。

平城駅周辺の地図を広げてみると、駅の北側に不自然とも思える楕円形の区割がある。その楕円形の区割の一部は歴史の道と重なっている。古墳が多く残る平城駅周辺で、さらに歴史の道があるだけに、この楕円形の区割も巨大古墳の周溝らしき場所に見えてくる。

しかし、じつはこの楕円形の区割り、古墳の跡ではなくかつて競馬場だった名残。馬が走っていたコース跡である。

奈良競馬場は、一九三九（昭和一四）年一二月、平城駅前に設置された。もとは現在積水化学工場がある尼ヶ辻町にあったが、規模が小さかったうえ、交通の便も良くなかったために、平城駅前に移設されたのである。年に二、三回競馬が行なわれ、そのたびに大勢

歴史の道が通る競馬場跡の区画

近鉄平城駅前から北西側には、かつてこの場所にあった競馬場のコース跡がそのまま区画の形として残っている(国土地理院撮影の航空写真をもとに作成)。

が訪れていた。しかし戦後になり、近郊の府県と競馬興行の日取りが重なり、さらに一九五〇(昭和二五)年に競輪場が併設されて客足を奪われると、翌年に廃止された。

取り壊された競馬場は、その後、駐輪場や田畑、住宅地、道路などに変わった。しかし、一周一六〇〇メートル、幅員三〇メートルのコース跡は、今もいびつな形ではあるものの、くっきりと競馬場であったことがわかる形で現在に残されているというわけだ。

歴史の道を歩いていくと、途中、かつて競馬場のコースだった道も歩くことになる。昭和の競馬場の面影をたどることができるスポットでもある。

城陽市の愛称が"ゴリゴリの里"である納得のワケ

B14
寺田
てらだ
Terada
京都線

近鉄京都線の寺田駅は、京都府城陽《じょうよう》市の中心的位置にある。城陽市は京都府南部にあり、現在は市街地化が急速に進んで京都近郊の住宅都市になっている。

ここでは全国に向けた広報活動を積極的に行なっているが、キャラクター達がなんとも不思議なネーミングをしている。城陽市のヒーローの名前は「ゴリンジャー」、城陽市歴史民俗資料館のゆるキャラはゴリラの「ごりごりくん」など、何かと「ゴリ」をゴリ押ししているのだ。なぜゴリなのか。

それは、五里五里《ごりごり》の里という城陽市の別名にある。五里は、城陽市から京都もしくは奈良へ至る距離のこと。どちらへ行っても五里ずつあり、城陽市は両都市のちょうど中間に位置しているのだ。そこでこの地は古来、往来する人々が休息するために立ち寄る場所だったのである。とくに文禄年間（一五九二〜一五九六）以降にこの場所に成立した長池宿は、最盛期には大名や武士が泊まる本陣が一軒、庶民が泊まる旅籠屋が七軒もあったほど賑わっていた。

中間点ならではの恩恵

こうした京都と奈良を結ぶつなぎ目としての城陽市の立地は、現代においても重要だ。二〇一七（平成二九）年四月末には城陽市に新名神高速八幡京田辺―城陽ジャンクション・インターチェンジが開通したおかげで、第二京阪と京奈和道が接続され、京都と奈良が一本の高速道路でつながることになった。

さらに京都と奈良の中間点であることから、リニアが通るルートとしても考えられている。もともとリニアは一九七三（昭和四八）年の国の基本計画では、奈良市付近を経由するとされていた。しかし二〇一四（平成二六）年に京都府や京都市が、京都駅を経由するルートへ変更を迫り、奈良と京都で綱引き状態となっていた。

しかし近年は京都側の態度が徐々に軟化し「最低でも府内」という意見に傾きつつある。すると注目されるのが、ぎりぎり京都府に属し、両都市の中間点である城陽市の周辺地域だ。両ルートのバランスを取るのであれば、JR奈良線の長池駅付近が望ましいとも、議題に上がっている。

京都と奈良の中間という立地で発展を遂げてきた城陽市。新名神の開通に次いでリニアまでも通れば、新たな交通軸が通る街としてさらに発展することが期待できる。

鳥羽伏見で戦端が開かれた理由は地理的条件にあり！

B05
竹田
たけだ
Takeda
京都線

鳥羽伏見の戦い――この戦が発端となり幕府と薩長による戊辰戦争が幕を開けた。幕末史を語るうえでは外せない歴史上のエポックである。

大坂城にいた幕府軍が京都にいる尊攘派の薩長軍を一掃するために進軍し、対する薩長軍と鳥羽・伏見で激突した。戦いの火ぶたを切ったのは鳥羽の薩摩軍。秋ノ山という小山（現在の竹田駅の西側）に大砲を並べ、西側の小枝橋を渡ろうとする幕府軍に向けて砲撃を加えた。薩長軍は五〇〇〇人ほどであるのに対し、幕府軍は一万五〇〇〇人ほどの多勢。しかし、結果は火力に勝る薩長軍の勝利に終わっている。

こうした歴史的な戦いが起きた鳥羽伏見の地だが、じつはここで戦いが起きたのは必然だったのかもしれない。この場所は大阪と京都を結ぶ、水上交通と陸上交通の結節点であり、京都の南側の守りの要だったからである。

古来、大坂から京都へ至るには、鳥羽を通るのが近道だった。淀川を船でさかのぼり鳥羽津へ至るルートか、大山崎から伸びる「久我縄手」という直線の陸路を行くルートである。そしてここから鳥羽街道を北上して京都へ至る。鳥羽街道は、平安京の中軸線である朱雀大路と南側の入り口である羅城門、そして鳥羽とを直線で結ぶ道。平安時代に「鳥羽の作り道」として開かれ、江戸時代も京都への物流を担う重要な交通路だった。

つまり、大坂から京都へ進軍していた幕府軍は、鳥羽街道を北上し、小枝橋を渡り京都へ進もうとしたが、京都のすぐ南側に位置するこの地は薩長軍が死守しており、これ以上進軍することは叶わなかった。

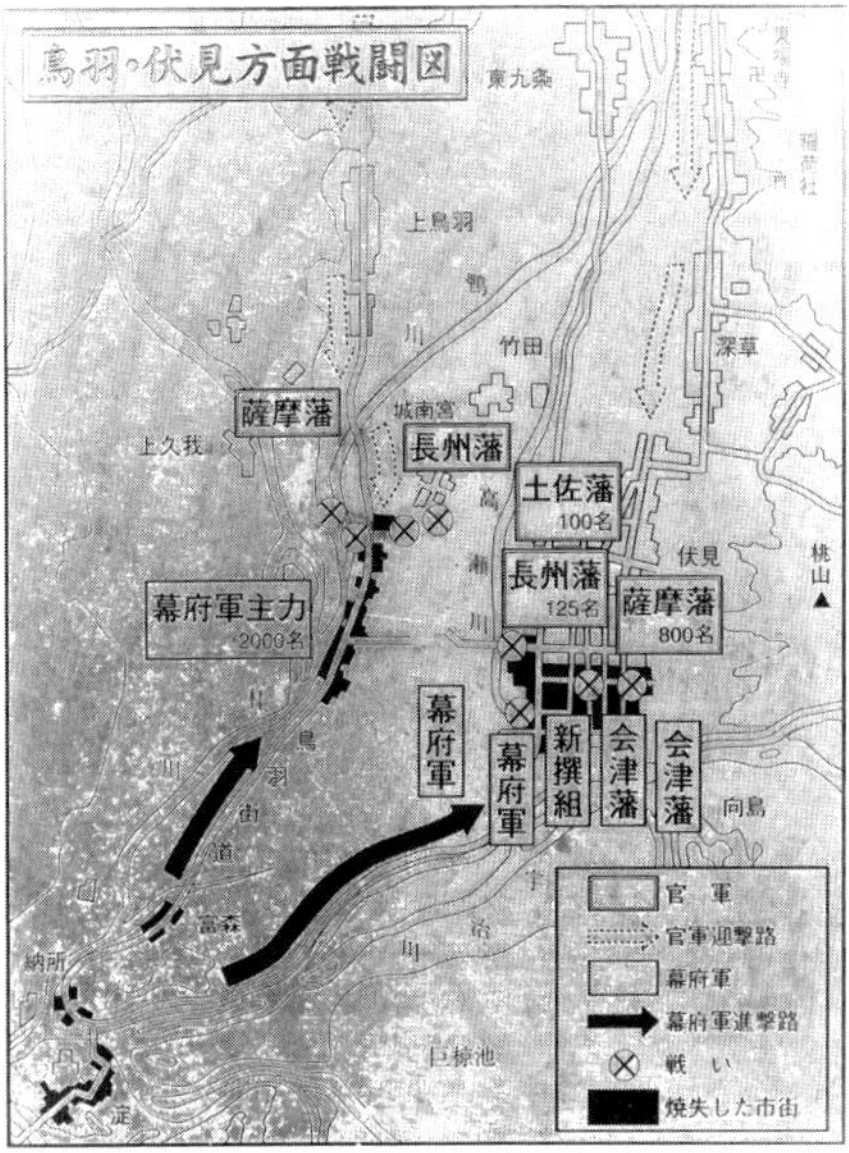

鳥羽離宮跡公園内に建てられた記念碑の一部にある「鳥羽・伏見方面戦闘図」。中央の長州・薩摩藩と幕府軍主力が衝突した戦場が鳥羽（竹田駅周辺）。

戦略的に要地であり、交通の要衝だった竹田の地は、いまも同様の役割をもった場所である。名神高速道路の京都南インターチェンジに近接し、さらに市中心部から伸びる京都市営地下鉄と近鉄京都線がここで接続している。今も昔も人々が交わる場所であるのは変わりない。

宝山寺にある「一の鳥居」が「二の鳥居」よりも本堂に近い謎

Y18
宝山寺
ほうざんじ
Hozanji
生駒鋼索線

生駒～生駒山上間を結ぶ近鉄生駒鋼索線は、一九一八（大正七）年、前身の大阪電気軌道によって開通した。このケーブルカーは宝山寺への参拝客を運ぶための路線であり、はじめは生駒駅近くにある鳥居前駅から、山腹の宝山寺駅へ至る路線であった。

この目的地であった宝山寺は「生駒の聖天さん」と呼ばれる生駒山の代表的な寺院。商売繁盛のご利益があり、江戸時代には、大阪の庶民や商売人の間で人気が高まり、多くの人が現世御利益を求めて参拝に訪れた。人々の信仰は今も変わっておらず、毎月一日と一六日は「歓喜天御縁日」として、商売繁盛など現世利益を祈願する人が絶えない。

宝山寺駅を降り、両脇に燈籠《とうろう》が並ぶ石畳みの参道を進むと、石造りの「一の鳥居」が見えてくる。寺院にもかかわらず鳥居があるのは、宝山寺の神仏習合の名残。明治初頭の神仏分離政策によって、寺院にあった鳥居は大半が撤去されたなか、こんなに大きなものが残っているのは珍しい。

宝山寺にある鳥居は、ひとつだけではない。じつは参道の生駒駅側、熊鷹神社の少し上

生駒鋼索線の宝山寺駅を降りて、石段を登った先にある"一の鳥居"。かつては鳥居前駅の付近にあったが、生駒駅前再開発により現在地へ移転した。

のところにも「二の鳥居」がある。不思議なのは、宝山寺の場合、二の鳥居のほうが一の鳥居よりも本堂から遠い場所にある点だ。一般的には、参拝のときに一の鳥居、二の鳥居という順番でくぐり本殿に至るものだが、宝山寺では逆になっている。

じつは一の鳥居は、もともと参道の入り口であった生駒駅付近にあった。生駒鋼索線の鳥居前駅も、そこに一の鳥居があったことが由来である。このときは一般的な寺社仏閣と同じく、一の鳥居のほうが本堂から遠い位置にあったのだ。しかし、昭和五〇年代に生駒駅前の開発が進むと、宝山寺境内である現在地へと移転されている。こうした経緯から、鳥居の場所が逆転するようになったのである。

散策路の枕木は信貴山が鉄道王国だった証し

G27
信貴山下
しぎさんした
Shigisanshita
生駒線

大阪府と奈良県の境に位置する信貴山《しぎさん》は、生駒山地南部にある標高四三七メートルの山である。山腹にある朝護孫子寺《ちょうごそんしじ》は多くの参拝客を集めている。

この信貴山へ行くには、河内山本駅から伸びる信貴線を利用することになる。そして終点の信貴山口駅から西信貴鋼索線に乗って高安山《たかやすやま》駅まで上り、山上を走るバスに乗るのが、朝護孫子寺までの一般的な参拝ルートだ。

また周辺はハイキングコースとしても人気で、山上から徒歩で生駒線の信貴山下駅まで下りる人も少なくない。「千本桜並木道」という七〇〇メートルほどの遊歩道を歩けば、信貴山の自然を感じることができる。

並木道の見どころは自然だけではない。足元に鉄道の枕木が横たわっていることに気づくだろう。じつはこの道にはかつて鉄道が走っていたのである。

信貴山にはじめて鉄道が敷かれたのは、一九二二（大正一一）年五月のこと。朝護孫子寺の信貴山門と関西本線王寺駅を結ぶ鉄道が計画され、信貴生駒電気鉄道（以下、信貴生

信貴山の西からアプローチしたライバル路線

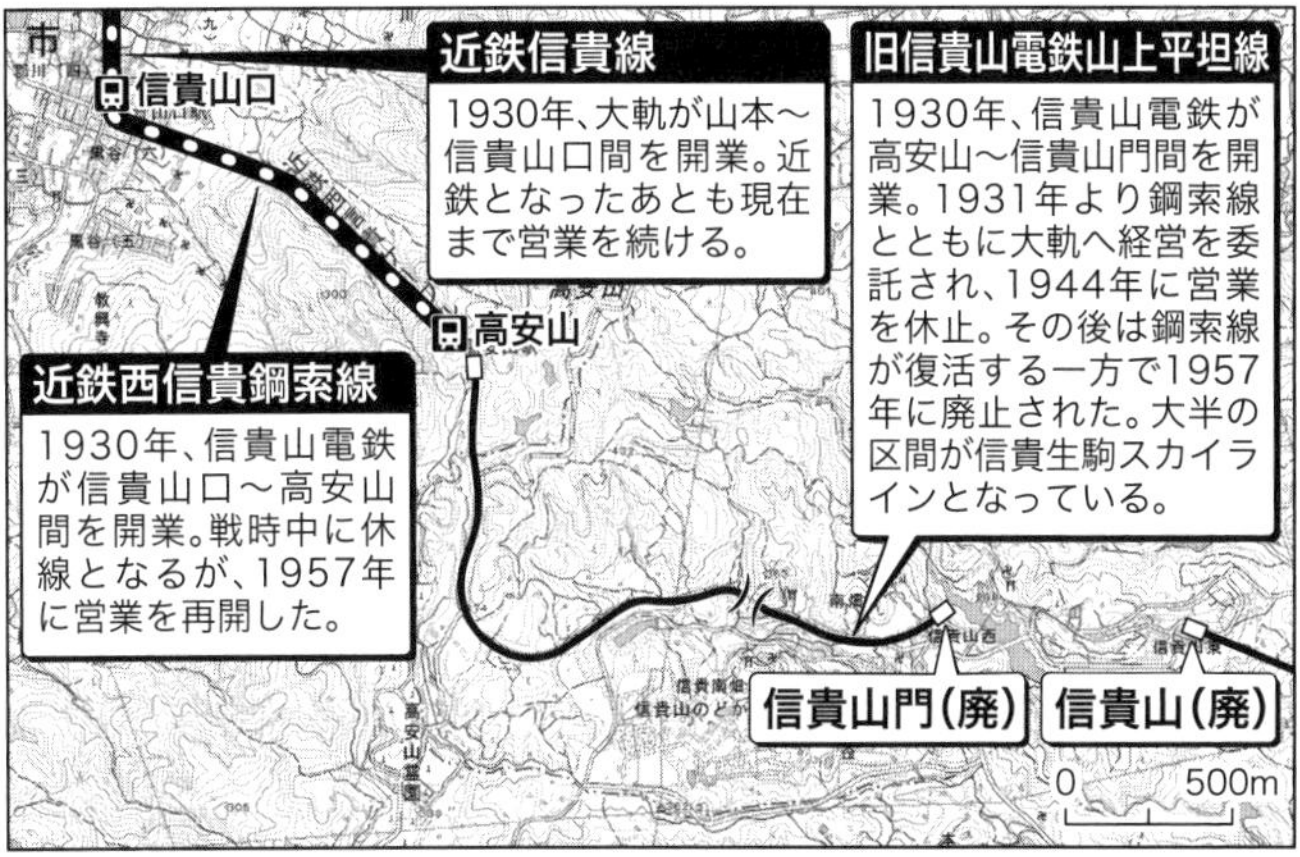

信貴山の東側に観光ケーブルカーができると、大軌が対抗して、大阪と直結した信貴線と関連会社の信貴山電鉄による鋼索線、山上平坦線を開業。一時、信貴山は東西を鉄道が横断する様相だった（地理院地図をもとに作成）。

駒電鉄）が山麓に王寺〜信貴山下間の〇・九キロメートルの路線（現・近鉄生駒線）と、東側斜面に信貴山下〜信貴山間を結ぶ一・七キロメートルのケーブルカーを開通させたのである。

信貴山で起きた鉄道敷設競争

ところがこの信貴生駒電鉄に対抗して、一九三〇（昭和五）年一二月、信貴山の西側斜面にも鉄道が敷設された。これが近鉄の前身・大阪電気軌道（以下、大軌）の系列会社・信貴山電気鉄道（以下、信貴山電鉄）である。信貴山口〜高安山間一・三キロメートルの鋼索線と、高安山〜信貴山門間の二・一キロメートルの山上平坦線の二路線を開通させると、信貴生駒電鉄の路線は大打撃を受けた。

信貴山電鉄の路線は、同時に開業した大軌の信貴線と相互連絡を行なっていたため、大阪上本町～信貴山門間を約四〇分で結んだ。この路線を使えば大阪方面からのアクセスが非常に良かったため、多くの乗客が信貴山電鉄へと流れてしまったのである。

じつは当初、信貴生駒電鉄もこの会社に資本参加していた。しかし枚方線敷設の費用が嵩んで、経営権を泣く泣く大軌に譲渡したのである。結局、客足が途絶えた信貴生駒電鉄は、一九四一（昭和一六）年に大軌が名前を変えた関西急行電鉄の系列下に組み込まれた。そして一九六一（昭和三六）年に同じ近鉄傘下だった大和鉄道と合併。その三年後、近鉄直営となり、信貴生駒電鉄という名前はなくなった。

遊歩道に残るかつての枕木

この信貴山へのアクセス路線として火花を散らしあった路線は、現在どうなっているのか。信貴山電鉄が敷設したケーブルカーは、現在も近鉄西信貴鋼索線として動いている。しかし山上平坦線は戦時中に資材が撤去され、そのまま一九五七（昭和三二）年に廃止され、跡地は信貴生駒スカイラインとなった。

一方、信貴生駒電鉄が敷設したケーブルカーは、近鉄東信貴鋼索線として運行されてい

信貴生駒電鉄が敷設した東信貴鋼索線跡

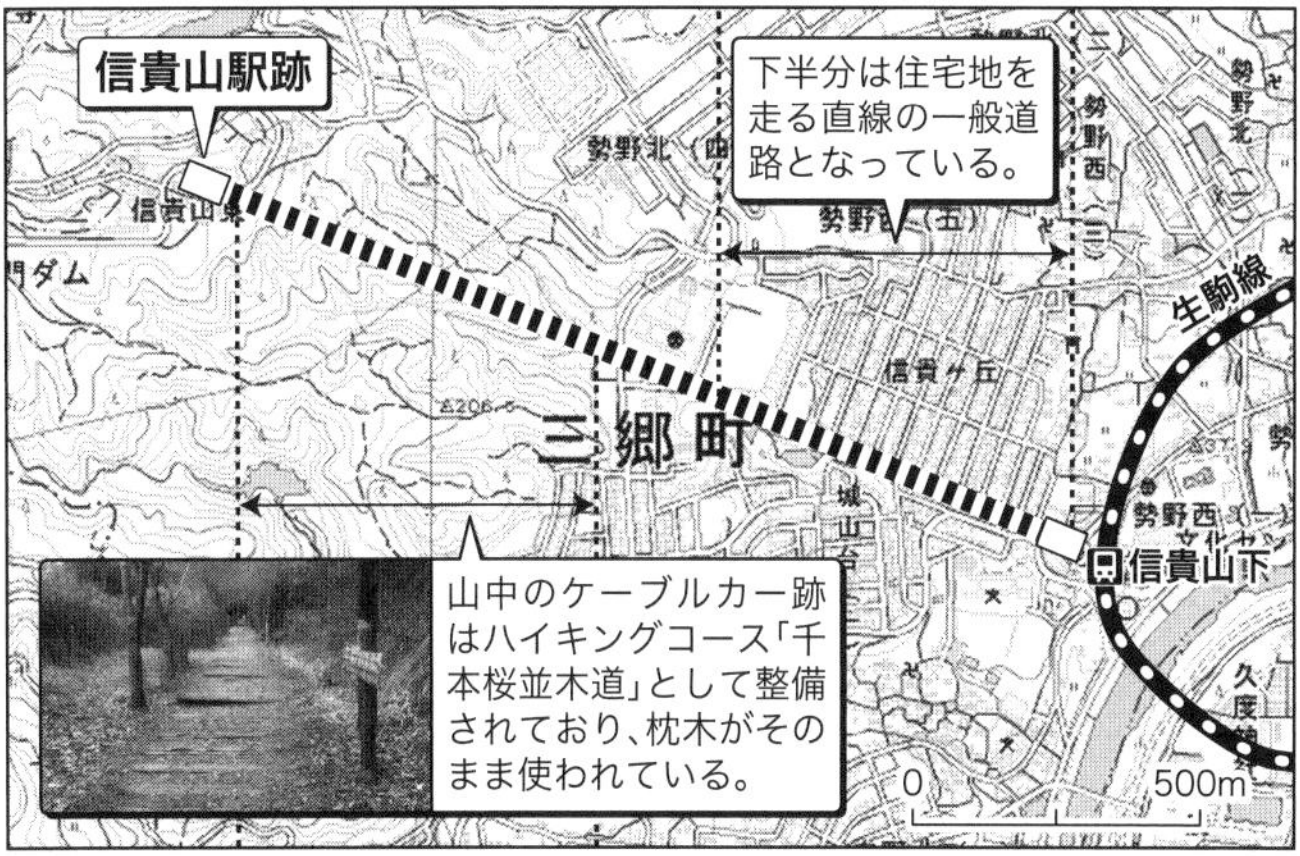

近鉄生駒線の前身、信貴生駒電鉄が信貴山参詣客の誘致のために東信貴鋼索線（ケーブル）を開通させたものの戦後に廃止され、直線の廃線跡はいま道路や遊歩道になっている（地理院地図をもとに作成）。

たが、一九八三（昭和五八）年に廃止となってしまった。

だがその遺構は随所に見ることができる。近鉄生駒線の信貴山下駅の駅前広場から、信貴山へと続く直線の道がかつての線路跡だ。そして奈良県立西和清陵高校を過ぎたあたりから、「千本桜並木道」に至る。この砂利のなかに、かつての枕木がそのまま残っていて、登山者の足の運びを助けているのは冒頭で述べた通りだ。

ほかにも当時のまま残っている電柱や、道路脇に置かれたレール、かつてケーブルカーが走ったと思える鉄橋など、これぞ廃線跡という趣を見せてくれる。

F01
大阪阿部野橋
おおさかあべのばし
Osaka-Abenobashi
南大阪線

あべのハルカスが日本一高いビルになったのは偶然!?

二〇一四（平成二六）年に開業して以来、大阪のランドマークとして知られているあべのハルカスは、近鉄不動産株式会社によって運営されている。二万八七〇〇平方メートルの敷地面積をもち、地下五階、地上六〇階の超大型施設だ。フロア構成は低層から百貨店、美術館、オフィス、ホテル、展望台となっており、近鉄南大阪線の大阪阿部野橋駅とも直結している。

ビルの名称である「ハルカス」は古語の「晴るかす」から。『伊勢物語』にある「いかで物ごしに対面して、おぼつかなく思ひつめたること、すこしはるかさん」の一節が由来である。この言葉には「人の心を晴れ晴れとさせる」という意味があり、ビルの上層階から晴れやかな景色を見渡せる爽快感や充実した施設の心地よさを来訪者に感じてもらいたいという願いから付けられた名前だ。

このあべのハルカスの高さは地上三〇〇メートル。これはビルのなかでは日本一の高さを誇る。現在、日本で二番目に高いのは、地上二九六メートルの横浜ランドマークタワーであるから、その差はわずか四メートル。ギリギリの日本一だ。

じつはこのビル、もともと日本一の高さで設計されていなかった。計画当初の高さは二七〇メートル。これでは日本一の高さには到底及ばない。それが三〇〇メートルになったのには、近鉄側の努力だけでない別の要因も関係している。

航空法で制限されていた高さ

ビルの高さは、近隣の空港によって大きく左右される。航空法第四九条により、航空機が安全な離陸を行なうために、空港の周辺の建築物は高さに制限がかかっている。大阪市のほとんどは、大阪国際空港（伊丹空港）があるために設けられている制限の範囲内にあり、高層ビル

下から見上げたあべのハルカス。計画当初は270mほどの高さを予定していたが、航空規制の緩和によって日本一の300mとなった。

が建てにくいエリアとなっている。

あべのハルカスと大阪国際空港とは直線距離で約一七キロメートルの距離があるが、所在地である阿部野橋には二九〇メートルという制限がかかっていた。さらにあべのハルカスは上町台地の上にあったため、実際には地上約二七〇メートルの高さの建物までしか認められなかった。そのため計画当初は、制限ギリギリの二七〇メートルの高さで設計されていたのである。

しかし建設計画中であった二〇〇七（平成一九）年、突然空港制限が緩和され、阿倍野地区が高さ制限エリアから解除されるという幸運に恵まれる。

空港制限を緩和したのは、政府主導で進められていた規制緩和によるものである。空港周辺の活性化を目的に、空港周辺の建築物の高さ制限区域を縮小した。成田国際空港、関西国際空港などの空港が順次規制を緩和してゆき、奇しくも大阪国際空港の規制が緩和されたのが、あべのハルカス計画中であった。

これ幸いにと近鉄は、日本一高いビルの建設を目指し、急遽、あべのハルカスの高さを三〇〇メートルに変更したのだ。三〇〇メートルに設定したのは、横浜ランドマークタワーを抜いて日本一になることと、三〇〇がちょうど切りの良い数字であったからだという。

第三章

ガイドブックとひと味違う！沿線隠れスポット案内

←

A12

東花園
ひがしはなぞの
Higashi-Hanazono
奈良線

ラグビーの聖地誕生は皇族のひと言がきっかけだった

奈良線の東花園駅は、日本ラグビーの聖地「東大阪市花園ラグビー場」への最寄り駅として知られている。もともとラグビー場で試合が行われるときにのみ使用されていた「ラグビー運動場前」という臨時駅だったが、一九六七（昭和四二）年に現駅名へ改称され常設駅となった。駅エントランスの上部壁面には、大きなラグビーボールの浮彫があり、初めて訪れた人でも、ここがラグビーの聖地への入り口だと実感できる。

東大阪市花園ラグビー場は、駅から北へ歩いて一〇分ほどの場所にある。敷地面積六万八六四九平方メートル、建築面積一万一八八三平方メートル、収容人員三万人の巨大スタジアムである。全国高等学校ラグビーフットボール大会をはじめ、ジャパンラグビートップリーグなど多くの試合が行われている（二〇一八年九月まで改修工事のため高校ラグビーのみ開催）。二〇一九年のラグビーワールドカップの開催地のひとつでもある。

このラグビー場、現在は施設名の通り東大阪市が保有する施設であるが、もともと「近鉄花園ラグビー場」だった。近鉄の前身である大阪電気軌道（以下、大軌）が建設し、二

○一四（平成二六）年に東大阪市へ譲渡されるまで、近鉄が保有していた施設だったのである。では鉄道会社であった大軌は、どういった経緯でラグビーの聖地をつくったのか。

宮さまの一言でつくられた日本初のラグビー場

花園ラグビー場がラグビーの聖地と呼ばれる一番の理由は、日本で初めてラグビー専用のグラウンドとして建設されたことにある。大軌がラグビー場を建設したのは、当時、「スポーツの宮さま」として親しまれた秩父宮雍仁《ちちぶのみややすひと》親王のひと言がきっかけだった。秩父宮雍仁親王は大正天皇の第二皇子で、昭和天皇の弟宮にあたる。日本ではそれまで未発達であったスポーツ競技の振興に大きく貢献され、多くのスポーツ競技大会に賜杯を冠したお方でもある。

巨大なラグビーボールの浮彫が施された東花園駅の駅舎。

秩父宮雍仁親王は、一九二八（昭和三）年二月の紀元節（現・建国記念の日）に甲子園球場で第一回東西対抗ラグビー試合が開催された折、ご臨席の前日に橿原神宮へと参拝するために大軌の奈良線にご乗車された。その際、田園が広がるばかりであった沿線風景を眺めながら、「沿線にはずいぶん空き地が多いじゃないか。この辺にいま台頭しつつあるラグビーの専用競技場をつくったらどうか。そうしたら、乗客も増えて会社も利益を得るのではないか」と同乗していた大軌の種田虎雄《おいたとらお》専務におっしゃったという。

大軌は当初、建設コストが多額になることから、このご提案を受け流していた。しかし同年五月、二回目の乗車をした折に、秩父宮雍仁親王が再び「まだグラウンドはできないのか」と尋ねられ、大軌もようやく動き出す。ただちに調査を進め、ラグビー専用の運動場の建設が一二月の役員会で可決された。

そうして一九二九（昭和四）年二月、清水組の手によってラグビー場は着工された。ラグビー専用の競技場をつくるのは日本初。前例のない建造物であるため、イギリスのトウイッケナム・ラグビー場を参考にしたという。観覧席などの設計は、奈良県吉野町にあった吉野グラウンドの設計に携わった京大工学部の中尾保に依頼した。

そして一一月、総面積約九〇〇〇坪、収容人数一万二〇〇〇人のラグビー場が完成。開場式には秩父宮殿下御夫妻がご臨席し、全日本OB対学生選抜ラグビーの試合をご覧になった。

こうして皇族のひと言がきっかけとなって、日本初のラグビー場が建設されたのである。

B08
桃山御陵前
ももやまごりょうまえ
Momoyamagoryomae
京都線

日本最長の単純トラス橋の長さは約一六〇メートル！

京都から近鉄京都線に乗って南の奈良方面へ向かい、伏見区の桃山御陵前駅を過ぎると、宇治川を渡る。ここに架かっているのが澱川橋梁《よどがわきょうりょう》だ。宇治川に架かるのに「澱川」橋梁という名前なのは、宇治川の下流が淀川本流へ通じているからである。「淀」の異字体である「澱」を用いている。

その澱川橋梁は、なんと一六四・五九メートルという長大な支間長を持つ巨大な複線トラス橋で、川を渡り終えるまで、途中に橋脚がひとつもない。その長さは、ここを走る近鉄の車両の八両分にも及ぶ。

澱川橋梁が架橋されたのは一九二八（昭和三）年のことで、当時としては東洋一の長さを誇るトラス橋であった。現在もこの橋をしのぐ単純トラス橋はほかにはなく、戦前戦後を通じて日本最大支間長を誇り、二〇〇〇（平成一二）年に国の登録有形文化財に指定されている。

陸軍の意向を忖度して生まれた巨大トラス橋

それにしても、なぜこれほど巨大なトラス橋を建設する必要があったのか。

現在の京都線は、前身の奈良電気鉄道（以下、奈良電）によって一九二八（昭和三）年に敷設された。京阪電気鉄道と、現在の近鉄難波線、奈良線にあたる大阪電気軌道（以下、大軌）を南北方向に連絡するため、両社が合弁で設立した地方鉄道である。当時の私鉄会社としては、小規模な会社であった。そんな会社が日本最大支間長の鉄橋を築くのは容易なことではなかったはずだ。支間長を伸ばせば橋の規模が大きくなり、使う鋼材の量も増え、それだけ建設コストが余計にかかる。

それでも奈良電は、その困難な事業をやり遂げなければならなかった。理由は、当時、宇治川の河川敷に陸軍第一六師団の架橋演習場があったからである。当初は六本の橋脚を立てたプレートガーター橋とする予定だったが、陸軍から「橋脚は演習の邪魔になる」として、設計変更を要求されたのである。

この要請を受けた奈良電は、橋梁技術者の関場茂樹氏に新しく設計を依頼し、無橋脚の橋を建設するべく準備に取り掛かった。

しかし、じつは陸軍は当初こそ無橋脚を要求していたものの、徐々に態度を軟化させて

宇治川に架かる近鉄京都線の澱川橋梁。橋脚を一本も用いずに川をまたぎ、164.59mの最大支間長を誇る。

同年二月中旬には一本までなら橋脚を立てることを認めていた。ところがそのとき奈良電は、陸軍の意向を忖度《そんたく》して、無橋脚での建設計画をすでに進めており、今更橋脚を建ててよいといわれても、それから変更する余裕がなかったのだ。一九二八年一一月から昭和天皇の即位の御大典が京都御所で行われることになっており、大きな輸送需要が見込めることから、どうしてもこの大典に合わせて開業したかったのである。

工事は一九二八年四月にはじまり、わずか半年後の一〇月に竣工という驚異的なスピードで行なわれた。工期が短く、巨大な部材に用いる鋼材を国内で生産することができなかったため、全鋼材の八三パーセントにあたる約一五〇〇トンをアメリカからの輸入でまかなったといわれている。

アメリカ仕込みの技術で建設

こうして陸軍の当初の要求を果たし、見事に完成したのが日本最大支間長をもつ澱川橋梁である。じつはこの巨大なトラス橋が完成した裏には、陸軍の要求以外にもうひとつの理由があったともいわれている。設計者であった関場茂樹の意向である。

関場茂樹は、元会津藩士の息子として青森県大湊で生まれ、帝国大学工科大学土木工学科を卒業してアメリカへわたり、アメリカン・ブリッジ社で技師として研鑽を積んだ人物。澱川橋梁にはこの関場の設計思想が含まれているという。

当時の鉄道省は、ドイツの技術に依った橋梁へ傾倒していた。一方関場は、アメリカ仕込みの技術をもっている。この点について『関西鉄道遺産』の著者・小野田滋氏は、関場は、ドイツの技術に傾く政府と国鉄に対する乾坤一擲《けんこんいってき》の気持ちで、アメリカで培った設計技術とアメリカの輸入鋼材を使った巨大なトラス橋を実現したのではないかと推察している。もし事実であれば、澱川鉄橋はやはり当時の日本の橋梁のなかでは特別なものだったといえるだろう。

Z15
高安山
たかやすやま
Takayasuyama
西信貴鋼索線

どこを向いてもトラだらけ タイガースファンに愛される寺院

河内山本駅から近鉄信貴線で信貴山下駅に至り、そこで西信貴鋼索線で高安山まで行くと、信貴山の山上にいたることができる。そこから近鉄バスに乗って、信貴生駒スカイラインを走ると、朝護孫子寺《ちょうごそんしじ》へたどり着く。

朝護孫子寺は、信貴山真言宗の総本山であり、毘沙門天を本尊として祀る。近隣の久米寺、談山神社、安倍文殊院などと併せて「大和七福八宝」のひとつに数えられ、多くの参拝客が訪れている。

ところが、この朝護孫子寺に少し変わった趣の参拝客が増えている。どういうわけか、プロ野球チーム「阪神タイガース」のファンがこの寺に集まるのだ。

その理由は境内に足を踏み入れればすぐにわかる。朝護孫子寺のシンボルが阪神タイガースと同じ、トラであるからだ。朝護孫子寺の赤門手前には、朝護孫子寺のトレードマークである、全長六メートルの張り子のトラ「世界一福寅」がある。電動であり、スイッチを入れると首が動く仕組みになっている。また境内には、〝一億円〟と書かれた札束をくわえたトラの石像や、金銀メッキのトラ、胎内巡りができるトラのトンネルなど、まさにトラ尽くし。

こうした縁から、朝護孫子寺は阪神タイガースファンの聖地となり「毘沙門天王 阪神タイガース必勝御札」など関連グッズも販売するようになった。近年では監督や選手も参拝したり、優勝を祈願して張り子の虎に目入れ式を行なったりしている。

トラ年トラ月トラ日にちなむ

朝護孫子寺とトラとの関係は、寺の創建時にまで遡る。寺伝によると約一四〇〇年前、聖徳太子《しょうとくたいし》（厩戸皇子《うまやどのおうじ》）によって創建されたという。

当時、厩戸皇子は、蘇我馬子《そがのうまこ》とともに政敵である物部守屋《もののべのもりや》を打ち倒そうとしていた。しかし討伐の兵を挙げたものの返り討ちにされてしまい、物部氏の軍勢に追われることになる。そうした折、信貴山の山頂で勝利を祈願すると、どこからともなく毘沙門天が現われ、太子に戦勝の秘法を授けたという。毘沙門天が出現した日は、奇しくも寅の年、寅の月、寅の日、寅の刻であったという。

戦勝の秘法を授かり、無事に物部守屋を討ち果たした皇子は、感謝の気持ちを伝えるために伽藍を創建し、自ら刻んだ毘沙門天像を本尊として祀った。そして、山号を「信ずべ

信貴山朝護孫子寺にある、全長6mの世界一の福寅。電動で首がゆっくり動くようすはかなり迫力がある。

き貴ぶべき山」として信貴山と名付けたのである。
　こうしたエピソードから、朝護孫子寺ではトラは毘沙門天の神使となった。いまでも寅年、寅月、寅日が重なるときは「三寅の福」といって全山をあげた法要を行なっている。

近鉄西信貴鋼索線の車両も、朝護孫子寺にちなんでトラをモチーフにしている。

奈良から木津川にかけて残る幻の「大仏鉄道」の遺構を行く

A28
近鉄奈良
きんてつなら
Kintetsu-Nara
奈良線

近鉄奈良駅を降り、北側へ歩いていくと、奈良市内を縦横に貫く佐保川《さほがわ》に出る。そして川に沿って西へいくと下長慶橋《しもちょうけいばし》が見えてくる。この橋から川を覗き込んで見てほしい。川底が奇妙に赤くなっている部分があることに気づくだろう。明らかに自然にできたものとは思えない。

じつはその赤い部分は、幻の鉄道と呼ばれた「大仏鉄道」の遺構のひとつ。佐保川を渡る鉄橋の橋脚の基礎部分に使われていた赤レンガが残ったものだ。

大仏鉄道が幻の鉄道と呼ばれているのは、およそわずか九年間という短い期間だけしか運行していなかったから。大仏鉄道とは、今からおよそ一二〇年前の一八九八（明治三一）年四月一九日に、加茂駅と下長慶橋の北につくられた大仏駅を結ぶ約八・八キロメートルの路線の通称である。現在のＪＲ関西本線の前身である私鉄会社・関西鉄道《かんせいてつどう》株式会社が開業した。

大仏駅は、関西鉄道が大阪鉄道（現ＪＲ奈良線）との奈良駅使用についての交渉が難航

近鉄奈良駅の北側、佐保川に架かる下長慶橋から河床を覗くと、赤茶けた長方形の土台が見える。これが大仏鉄道の佐保川鉄橋橋台跡だ（提供：一般社団法人木津川市観光協会）。

しており、仮設的につくった駅だったが、東大寺の大仏を参拝するのにもっとも近い駅だったため、東海や伊勢方面から多くの乗客が訪れ、大いに賑わったという。

しかし大仏鉄道はだんだんと利用されなくなっていく。加茂駅と奈良駅を結ぶ便利な路線ではあったが、勾配が二五パーミルもある急坂を超える難所や、起伏の多い路線で、速度が非常に遅く、石炭も大量に使う燃費の悪さ。機関車が二両ついているときは良いが、一両だと途中で止まってしまう始末。乗客が降りて押したり、沿線住民が駆り出されて手伝ったりすることも少なくなかった。

そんな不便な大仏鉄道だっただけに、一九〇七（明治四〇）年に八月の木津駅経由の平坦路線（現JR関西本線）が開通すると休止に追い込まれ、その直後、鉄道の国有化が行われたことで、翌年一一月に廃業となった。

今も残る遺構の数々

わずか九年という短い営業期間だったことと、国有化直前に休止していたことから、大仏鉄道についての文献資料は乏しく、これが「幻の鉄道」と呼ばれる所以である。それでも、かつての路線跡には橋脚や隧道《ずいどう》などが一二〇年前とほぼ同じ姿で残っている。

佐保川にかかる下長慶橋の下から見つかった橋脚は、二〇〇七（平成一九）年二月に、治水のために佐保川の川底をすくっていた時に見つかったもので、遺構が少ない奈良市内で発見された貴重なものだ。大仏駅跡は記念公園となっており、機関車の動輪モニュメントと説明碑がある。JR加茂駅東口広場にも同様に機関車の動輪一対と鉄道記念碑が設置されており、駅の西側には、一八九七（明治三〇）年に完成した加茂駅開業当時からのレンガ造りの建物であるランプ小屋もある。さらに、廃線跡を歩けば、かつての橋台や隧道、トンネル跡など、数々の遺構が里山の風景に溶け込んで今も存在している。これらの遺構の数々は、鉄道ファンが多く訪れる人気スポットとなっており、ハイキングにも最適である。

大仏鉄道のルートとおもな遺構

明治期に加茂駅から大仏駅(1899年から奈良駅へ延伸)まで走っていた大仏鉄道の廃線跡は、いまも明瞭に残っている。木津川市や奈良市は、観光地として広く紹介している。

F15 N15
道明寺
どうみょうじ
Domyoji
南大阪線
道明寺線

なぜ大阪鉄道は歩行者専用のつり橋を架けたのか?

道明寺駅の東側には、道明寺駅のある藤井寺市と、隣接する柏原市を隔てる大和川支流の石川《いしかわ》が流れている。そこに玉手橋《たまてばし》という一本の橋が架かっている。柏原市の玉手町や円明町《えんみょうちょう》の人たちが、通勤通学などで道明寺駅へ行くのに利用する、この地域には欠かせない橋だ。

玉手橋は、橋長一五一メートル、幅員三・三メートル。歩行者と自転車だけが通行可能で、車の走行はできない。床の部分がアスファルトなので、一見普通の橋のようだが、じつはつり橋。両岸と四つの主塔をケーブルでつないだ五径間のつり橋である。走ったり跳んだりすると、少し揺れることからもつり橋だと実感できるだろう。ケーブルの支柱である四つの白い塔や、レンガで装飾された見た目は昭和レトロを感じさせる。

じつはこの玉手橋、自治体や大阪府、国などが架けたものではなく、元々は鉄道会社が架けた橋だったのだ。柏原市側にあった玉手山遊園地への導入路として、一九二八(昭和三)年に架けられたものである。

石川に架かる玉手橋。近鉄南大阪線の前身である大阪鉄道によって、道明寺駅から玉手山遊園地へのアクセスのために架けられ、現在も東側の住民に頻繁に利用されている。

元々この場所には板づくりの仮橋があったのだが、石川の増水でしばしば壊され、駅から遊園地に行くために、かなりの遠回りを強いられることが多かったのだ。そこで、近鉄の前身の大阪鉄道が、当時としては最新式の鉄筋コンクリート造りのつり橋を架けたというわけである。

やがて一九九八（平成一〇）年に、経営不振から玉手山遊園地は廃園となり、玉手橋は本来の役割を終えた。しかし、その後も地域住民の通行路として多くの人に利用されており、玉手橋はいまだに現役である。二〇〇一（平成一三）年には、国の登録有形文化財に指定された。これはつり橋としては日本初のことで、玉手橋は今やこの地域の顔のひとつとなっている。

刑務所がリゾートホテルに！美しすぎる旧奈良少年刑務所

A28
近鉄奈良
きんてつなら
Kintetsu-Nara
奈良線

近鉄奈良駅から北側へ歩いて一五分ほどの場所に、ロマネスク様式の赤いレンガ造りの正門を持つ美しい建物がある。そのメルヘンチックな姿は、まるで西洋の古いお城のようだ。

しかし、この建物の正体を知ると、大抵の人が目を見張るに違いない。じつは二〇一六（平成二八）年度末で閉鎖された奈良少年刑務所の建物だ。建物は奈良監獄として、一九〇八（明治四一）年に竣工したもので、すでに一〇〇年以上も刑務所として使用され続けてきたわけだ。

それにしても、その外観はとうてい刑務所には見えない。いや、外見だけではない。奥の庁舎は五本の廊下が放射状に広がる二階建ての舎房となっており、その中央にある監視台は、優雅なカーブを描くアール・ヌーヴォー様式で、天窓からは光が射して神聖な雰囲気すら漂っている。舎房の外側の屋根の下にも軒飾りが施され、各舎房の名前が記された周囲も漆喰の鏝絵《こてえ》で縁取られるなど、受刑者の居住空間にいたるまで、細部にわたって美しさが際立っている。

なぜこれほど気品ある刑務所がつくられたのか。その裏には、当時の明治政府の悲願があった。

国家の威信をかけた建築

日本は幕末に西欧諸国からの圧力に押し切られる形で、日米修好通商条約をはじめとする「安政五ヵ国条約」を締結した。これは関税自主権がないうえ、相手国に領事裁判権を認める不平等条約だった。領事裁判権を是認するということは、在留外国人を日本の司法が裁くことができないということである。

明治の世になり、政府はこうした条約をなんとか解消したいと奔走したが、「日本にはろくな監獄もなければ、近代的な司法制度も整っていない。これでは受刑者の人権が確保できない」と、諸外国にきっぱり断られてしまったのだ。つまり自国の法律で裁きたければ、まともな司法と牢獄を用意しろ、というのである。

そこで政府は、司法体制を整えて、人権を守ることができる刑務所の建設を決定。西欧諸国の刑務所建築の視察を行ったうえで建設されたのが、千葉、金沢、奈良、長崎、鹿児島の五大監獄だった。つまり刑務所らしくない美しい建物は、政府が日本国の威信を賭けて不平等条約の撤廃のために建設したものだったのである。

不平等条約自体は、政治家の交渉によって五大監獄の竣工前に撤廃されたものの、監獄はそのまま使用された。

五大監獄のなかで現存している建物は、奈良少年刑務所となっていた奈良監獄だけである。刑務所自体はすでに閉鎖されたが、二〇一七（平成二九）二月に国の重要文化財に指定され、閉鎖後も保存されることが決定した。

珍しいのは、この奈良少年刑務所の第二の人生が、なんとホテルだという点だ。閉鎖した少年刑務所の活用事業として、全国にホテルを展開する「ソラーレホテルズアンドリゾーツ」が二〇二〇年を目途にホテルとして開業することが発表されたのである。

所有権は法務省が持っており、運営権だけをソラーレホテルズアンドリゾーツが所有する形で、ホテルとしての改修が行なわれる。

開業すれば、日本初の「監獄ホテル」が誕生する。敷地は一〇万六〇〇〇平方メートルと充分広く、客室は約二九〇室。レストランやカフェバー、イベント空間、コミュニケーションセンター、天然温泉の温浴設備も完備したホテルになる予定だという。

北欧や英国、オランダなどでは監獄をホテルに転用して人気を呼んでいる。日本初の監獄ホテルも、その珍しさや建物の美しさから、大人気になるかもしれない。

旧奈良少年刑務所の表門。ドームを載せたり、曲線的なアーチを描いたりする意匠は、古典色の加味があるロマネスク系といわれている。

刑務所の庁舎。中央部に高く直線的にそびえる尖塔は、イギリスのゴシック・リバイバル様式を取り込んだことを示している。

吉野線

吉野線の東側の山中にある地下トンネルの正体

近鉄吉野線は、吉野川に沿って下りながら下市を過ぎたところで北へ抜け、曽我川《そががわ》沿いに奈良盆地へ下っていく路線である。この曽我川沿いのルートの東側は深い山となっているが、ここに謎の地下トンネルが並行して存在する。

このトンネルは、吉野川の水を奈良盆地に流すための暗渠《あんきょ》である。大淀町に設けられた取水口から水が勢いよくトンネルに吸い込まれ、一直線にトンネル内を進んでいく。その後三キロメートルほど先で一度は地上に顔を出すものの、再びトンネル内を北へと流れ、吉野口駅の北東七〇〇メートルの場所で北西と北東に分流。盆地内でさらに枝分かれして、奈良盆地の各地を潤している。

大和国の悲願だった吉野川分水

それにしても、なぜ吉野川の水を、山中に長いトンネルをつくってまで奈良盆地へ運んでいるのか。

吉野線下市口駅付近、吉野川に設けられた下渕頭首工。奈良盆地各地へ送る水をここから取水している。

吉野口駅の東側にある東西分水工。下渕頭首工から送られた水を明日香村や桜井市へ向かう東部幹線水路と葛城市や香芝市へ向かう西部幹線水路へ分流させる。

理由は、奈良県内で降水量の差が激しいことが挙げられる。県の南側にある吉野山地は、年間降水量が二〇〇〇～四〇〇〇ミリリットルの日本を代表する多雨地域だ。そこから流れる吉野川も当然、水量が豊富である。

しかし一方で奈良盆地は、年間降水量が一三〇〇～一四〇〇ミリに過ぎない、極端な寡雨地域である。吉野山地とは水系が異なるため、吉野山地に降り注いだ雨の恩恵も受けられない。そのため奈良盆地では古くから溜池をつくったり、地下水を汲み上げたりして、水不足に対応してきた。

しかし、それでも十分な量ではなかった。そのため山を挟んだ南側の吉野川の水をどうにか引けないものか、と考えたのである。吉野川分水構想の端緒は、江戸時代の元禄年間（一六八八～一七〇四）に長柄村（現・御所市）の庄屋だった高橋佐助《たかはしさすけ》のアイデアである。しかし工事には至らず、さらにその後は幕末に五條出身の乾十郎《いぬいじゅうろう》や春日大社の辰市祐興《たついちすけおき》、明治にも古沢奈良県知事などが吉野川分水を計画して願い出たものの実現しなかった。

大正期には奈良県が本格的に「吉野川分水計画」に着手したが、和歌山県側の反対に遭い、そのまま折り合いがつかず不首尾に終わり、昭和に入り「第二次吉野川分水計画」を農林省に提出した際も、世界恐慌の余波による財政危機などで計画は見送られた。そして一九四一（昭和一六）年、戦時下の食糧増産を目的とする内務省の「吉野川河川統制計画」で吉野川分水計画が再燃するが、これも戦況悪化とともに立ち消え。ならばと、奈良県は十津川水系の天ノ川からの分水も推し進めるが、これも下流の和歌山県側の熊野地方の反対を受けて実現しなかった。

なぜ和歌山県側は、ここまで頑《かたくな》に奈良盆地への分水を拒否したのか。じつは、確かに和歌山県には多くの河川が水を運んでいたが、紀伊平野も水不足で悩んでいたのだ。流量の変化が激しく、暴れ川である吉野川（和歌山県側では紀ノ川《きのかわ》）を利用することは困難であり、かつ紀伊平野の水田は、水がすぐ抜けてしまう。つまり和歌山県側の人々は、洪水ばかりか、水不足にも陥っていたため、奈良県側に易々と水を流せなかったのである。

こうした実態が調査で詳らかになり、吉野川そのものの治水と、紀伊平野の水不足の両方を解決しなければ、吉野川分水が実現しないという結論になった。そして大規模なダム建設や流路変更などを行なう必要が生じ、奈良県だけで進めていた吉野川分水計画は、県レベルを超えた国家レベルの「十津川・紀の川総合開発協議会」において進められることになったのである。

一九五〇（昭和二五）年以降、大迫《おおさこ》ダム、津風呂《つぶろ》ダム、猿谷《さるたに》ダムの建設がはじまり、その後、大和盆地内も含めた総延長三三六キロメートルの吉野川分水路が一九八七（昭和六二）年に竣工した。奈良盆地の人々の古くからの悲願は、ここに結実したのである。

軍事利用されていた生駒山上遊園地の飛行塔

Y21
生駒山上
いこまさんじょう
Ikomasanjo
生駒鋼索線

奈良線の生駒駅に発着している生駒鋼索線は、生駒山上駅までを結ぶ約二キロメートルのケーブルカー路線である。運行している車両は全部で六種類あり、それぞれが動物やスイーツをモチーフにした親しみやすいデザインであることが特徴だ。これは、生駒山上駅と直結している生駒山上遊園地をイメージしており、ケーブルカーに乗った瞬間から、遊園地の気分を乗客に味わってもらうための計らいである。

終点にある生駒山上遊園地が開園したのは一九二九（昭和四）年。近鉄の前身である大阪電気軌道がつくった。開園当初からデートスポットとして人気を集め、近年では〝親子三代で楽しめる〟ファミリー層向けの老舗遊園地として大阪、奈良の人々から親しまれている。

この遊園地の一番の目玉となっているのが、現存する日本最古の大型アトラクションといわれる「飛行塔」である。高さ四〇メートル、回転部直径二〇メートルの塔につり下げられた四台のゴンドラが、時速九キロで回転するアトラクション。ゆっくりと回転するため乳児も乗ることができるばかりか、大阪平野を一望することができ、大人にも人気の乗り物となっている。

この飛行塔が設置されたのは開園と同時の一九二九年。設計者は「日本大型遊戯機器の父」と称された土井万蔵氏である。明治期の大型のアトラクションは外国からの輸入に頼っていたが、土井氏が輸入品を研究し、独自の工夫と改良を重ねて「土井式飛行塔」を創案し、これを原型として飛行塔をつくったのだ。

日本最古の大型アトラクションといわれる、生駒山上遊園地の飛行塔。戦時中は、塔の周囲を廻るゴンドラやアームが取り外されて、海軍の監視塔となった。

生駒山上遊園地の飛行塔は、土井氏の一六番目の作品だという。ほかにも千里山遊園や京都愛宕山の山上遊園にもあったが、現存しているのは生駒山上遊園地の飛行塔のみ。これだけが当時の姿のまま残っているのには、当時の社会背景が大きくかかわっている。

軍事利用され解体を免れる

第二次世界大戦が始まると、戦争による資材不足により、多くの遊園地のアトラクションが解体され、軍事用の鉄資源として回収されていった。生駒山上遊園地も当然その対象に含まれ、多くのアトラクションが解体された。また同時に生駒山のうえに海軍航空隊が配備され、グライダーの練習場などの関連施設がつくられることになり、遊園地の営業どころではなくなった。

しかし、この飛行塔だけは奇跡的に解体を免れる。飛行塔はその高さを活かした、防空監視所として利用されることになったのだ。無論、客を乗せるゴンドラやそれをつるすアームなどは取り外されたが、飛行塔自体は据え置かれた。

軍の監視員は梯子をつかって飛行塔の展望台まで上がり、紀淡海峡《きたんかいきょう》から本土へと向かってくるアメリカ軍の爆撃機を監視していた。その情報を受けて、大阪では空襲警報が発令されていた。

遊園地のアトラクションは、子どもたちの笑顔と平和があってこそ成り立つものだが、軍事利用されるために解体を免れたとは、なんとも皮肉な話だ。飛行塔が再びアトラクションとして使用されるのは、終戦翌年からである。

D14
恩智
おんじ
Onji
大阪線

住宅地に突如として現われる不思議な巨大コンクリートドームの怪

大阪市内を出発し八尾市に入った近鉄大阪線の下り列車は、河内山本駅で信貴線と分岐したあとは南へ進路を変え、高安駅を過ぎると恩智駅へ至る。この駅の近くに、謎の建造物が存在する。

駅から降りて東側、高安山麓へ向けて緩やかな斜面を登っていく。すると住宅街や農地のなかに突如、正面が開けたコンクリートの巨大なドームが出現する。ドームの形は後ろが狭く、前が広い扇形。正面開口部は内法二三・二メートルで、高さは六メートル。ドームの奥行は一〇・二メートルもある。周囲は民家とのどかな田園風景が広がっており、巨大なコンクリートのドームは、あまりにも風景に馴染まない。これはいったい何のための建造物なのか。

じつはこのコンクリートドームは「掩体壕《えんたいごう》」という第二次世界大戦時の遺構である。航空機を敵機の攻撃から守るためにつくられたものだ。現状でも相当な大きさだが、じつはもともとはさらに四倍の空間があり、開口部が幅二八メートル以上、奥行は二一メートルもあったという。これは全幅が二二・五メートルある重爆撃機「飛龍《ひりゅう》」も十分に収容できる大きさであった。そのうちの一部が戦後、鉄材を取るために壊され、現在の大きさになった。

飛行場とつながっていた掩体壕

一帯は垣内《かいち》という地区であるため〝垣内の掩体壕〟と呼ばれている。ではどうして垣内につくられたのか。それは大阪線の恩智～堅下間の西側に広がる、八尾空港との地理的な関係に理由がある。

八尾空港は戦時中、「大正陸軍飛行場」という軍事空港だった。いまの三倍の広さをもち、戦争末期には旧陸軍の第一一飛行師団司令部などが置かれていた。

軍事施設は当然、空襲時の標的となる。そのため陸軍は、空襲時にも航空機を破壊されないよう滑走路周辺に小型機用の掩体壕を一九基設けていたが、大型機のための掩体壕は、もっぱら飛行場から離れた場所につくられた。空襲時、飛行場を空爆する敵機を迎撃するためである。

そのため敵機に発見されにくい高安山麓の山裾を選んだである。恩智北町から垣内には当時、コンクリート製のものが二基、木造のものが五基の、計七基が南北に並ぶように造

垣内の掩体壕の遠景。住宅や畑が並ぶ斜面にコンクリートの巨大ドームが出現するようすには、やはり違和感を感じてしまう。

掩体壕の近景。内部は農具などの倉庫として使われている(提供：上下とも、NPO法人やお文化協会編集委員　大西進)。

られていた。垣内の掩体壕もそのひとつで、一九四三（昭和一八）年～一九四四（昭和一九）年にかけて急遽つくられたものである。

このとき、飛行場から垣内の掩体壕までは、航空機を運ぶための誘導路もつくられた。道のり約四・五キロメートル、幅員五～六メートルの砂利道で、航空機を馬や牛で引いて運ぶ予定だったという。途中の二俣と恩智北町には、移送途中の空襲に対応するための高射機関砲や木造防空壕、そして囮となる模造航空機が置かれていた。

せっかくつくったのに未使用!?

掩体壕へ航空機を運び込むための誘導路まで建設したにもかかわらず、垣内の掩体壕には、航空機が格納されることはなかった。戦争末期、大正飛行場には実践可能な航空機が一八機しかなく、飛行場内の一九基の掩体壕ですべてまかなえてしまえたからだ。

飛行場外につくられた掩体壕は、全部で二〇基以上あったとされているが、終戦後に解体されたため、垣内の掩体壕が唯一残る存在となっている。前部が欠けながら解体を免れたのは、終戦間近の突貫工事でつくられたため、内部にあまり鉄材が使われていなかったからだといわれている。現在は私有地の一部であり、農機具の倉庫として使われているが、その姿を離れた場所から見ることはできる。

お馴染み忠犬ハチ公は渋谷駅前だけではなかった！

E42
久居
ひさい
Hisai
名古屋線

忠犬ハチ公――帰らぬ飼い主を待ち、一〇年間も渋谷駅に通い続けたという美談の犬である。その銅像といえば、ほとんどの人が東京の渋谷駅のハチ公口を思い浮かべるだろう。しかし、じつは三重県にある近鉄名古屋線の久居駅にもハチ公の銅像があることをご存じだろうか。

渋谷駅にある銅像が、ハチ公のみであるのに対して、久居駅にあるハチ公像は人と一緒に並んで建っている。この人は、上《うえ》野《の》英《ひで》三郎《さぶろう》博士。東京帝大の農業工学初代教授であった、ハチ公の飼い主である。

ではなぜこの像が久居駅前に建てられているのか。それは、上野博士の故郷がここ久居だからである。地元では、ハチ公の愛した上野博士をもっと知ってもらうため、二〇一五（平成二七）年のハチ公没後八〇年を目前に、有志で「上野英三郎とハチ公の像を建てる会」が結成された。募金を集めて二〇一二（平成二四）年にハチ公と上野博士が仲睦まじく並ぶ銅像を、久居駅東口前に完成させたのである。

帽子付きにバージョンアップ

上野博士の像は、帽子を被ったスーツ姿の老人のデザインとなっているが、この像はもともと帽子を被っていなかった。デザインの選定時に製作者からは帽子を被ったデザインも提案されていたが、当時、帽子を被る習慣はなかったのではないかという意見があり、帽子を被っていないデザインが採用されたのだ。

しかしその後、銅像の頭にたびたび暖かそうな布の帽子が被せられた。誰が被せていたのかは不明だが、この帽子は像に固定していなかったため、何度も風に飛ばされていたようだ。そこで二〇一五年、寄贈者の名前を台座に追加する工事のときに、強化プラスチックで制作した帽子を銅像に被せたのである。

久居でもハチ公と上野博士は深く愛されている。近年では、像の置かれている久居駅東口のバス停（三重交通）に、二〇一六（平成二八）年に「ハチ公口」という副題がつけられた。また近鉄も、東口を渋谷駅のように「ハチ公口」に改称しようと検討しているという。

2012年に建てられたばかりの久居駅前のハチ公像。隣にいる上野博士の頭に帽子が被せられていない。

2015年に新しくなった久居駅前のハチ公像。上野博士の頭に帽子が被せられている（提供：上下とも、津市久居総合支所地域振興課）

二上山麓の景勝地・屯鶴峯に広大な地下空間が存在？

F19
二上山
にじょうざん
Nijozan
南大阪線

近鉄大阪線の上ノ太子駅から二上山駅のあいだに、屯鶴峯《どんづるぼう》という場所がある。有名な観光スポットが数々ある奈良県のなかでも、この屯鶴峯は知る人ぞ知るB級スポットといったところだろうか。しかし、実際にその地に行くと、一面真っ白なゴツゴツとした凝灰岩の山肌が広がっている光景に目を見張るだろう。

屯鶴峯は、二上山の噴火によって生み出された真っ白な凝灰岩の層が、一五〇〇万年の風化・浸食を経て奇岩群となったものだ。名前もこの白い岩に由来し、遠くから見ると鶴が屯（たむろ）しているかのように見えるためにつけられた。

さて、その美しい屯鶴峯だが、その地下に巨大な空間が広がっている。地下空間は、東側と西側で大きく二つに分けられ、総延長二キロメートルにも及ぶ。トンネルが網目のようにつながっており、平均幅は三・五メートル、高さは二・五〜三・四メートル。天井はアーチ型で、明らかに人の手で掘られたものである。

その正体は、第二次世界大戦末期の一九四五（昭和二〇）年に、陸軍が掘った地下防空

白い凝灰岩が一面に広がる屯鶴峯の風景。この下に広大な地下空間があるとは、初めて来た人は思いもしないだろう。

壕である。敗戦の色が濃くなり、本土決戦を覚悟した陸軍が、航空部隊や特攻部隊を指揮する戦闘指令所や通信施設の中心として整備したものだ。工事は同年六月頃から始められ、七六四名が参加している。

今もツルハシで掘った跡や、掘削のためにダイナマイトを差し込んだ穴などが残っており、当時の緊迫感が伝わってくるかのようだ。

結局、ほどなく終戦を迎え、地下防空壕は未完成に終わった。跡地の一部には一九六七（昭和四二）年に京都大学が観測所を設置し、地震予知研究のための地殻変動観測坑道として利用している。指令所としての役目を果たせなかった防空壕だが、今は人々を守るための研究に役立っている。

回転寿司の発祥地はココ 布施駅前の「廻る元禄寿司」

D06 A06
布施
ふせ
Fuse
大阪線・奈良線

大阪線と奈良線という近鉄の二大幹線の分岐点である布施駅は、人口約五〇万人を超える大阪第三の都市・東大阪市の実質的な中心駅だ。大阪電気軌道の深江駅として開業したが、現在の大阪線にあたる八木線との分岐駅とするため、一九二三（大正一二）年に少し東に移設され布施駅となった。やがて一九七七（昭和五二）年に高架化して現在の形になった。大阪線が三階、奈良線が四階に分かれた全国的にも珍しい二重構造の駅となっている。

その布施駅の南口を出て西側へ歩くと、東京三菱ＵＦＪ銀行東大阪支店がある一画に「廻る元禄寿司」という店がある。ごく普通の回転寿司店なのだが、じつはこの店こそ、日本初の回転寿司を出した店なのだ。その証拠に、青い看板にある「廻る」という文字の片隅には小さく®マークがある。これこそ、回転寿司の商標登録を意味するマーク。ここが回転寿司発祥の店である証しである。

回転寿司の発案者は、大阪で立ち食い寿司屋を経営していた白石義明氏である。ある日、見学に行ったビール製造工場のベルトコンベアを見て、「寿司をコンベアに乗せて手元に届けたら、大勢のお客さんの注文を効率的にさばくことができる」と思いついたのがきっかけだったという。

そこで白石氏は、近隣の鉄工所に協力を仰ぎ、寿司用のコンベア製作に取り掛かった。システムが確立している現在から考えれば、さほど難しそうに思えない開発だが、コーナー部分をスムーズに流すのが非常に難しく、費やした期間はじつに一〇年。コーナーを扇型にすることでこの難問をクリアし、一九五八（昭和三三）年に布施駅近くに「廻る元禄寿司」第一号店を開店した。一九六二（昭和三七）年には、「コンベア旋回式食事台」として白石氏の名義で特許取得を果たしている。

東大阪市で産声をあげた日本初の回転寿司は、一九七〇（昭和四五）年に大阪で開催された日本万国博覧会のとき、大阪のみならず日本全国に知られるようになる。出店した元禄寿司が表彰されたことで、一気にその知名度を全国規模へと広げた。そして実用新案権の期間満了によって新規事業者が続々と参入。競争が生まれ、職人が握る高級食品というイメージだった寿司を、大衆向けの食品として普及させることとなった。

いまでは日本全国に四〇〇〇店舗以上、年間売上五〇〇〇億円を超える外食産業へと発展した回転寿司。日本の新たな食文化は、布施の小さな店から始まり、今や世界へと羽ばたいている。

A21
菖蒲池
あやめいけ
Ayameike
奈良線

静かな溜池の底には戦時中の遺産が眠る⁉

近鉄奈良線で大和西大寺駅のひとつ西側に菖蒲池駅がある。近鉄の前身である大阪電気軌道が乗客誘致のために、駅の北側の菖蒲上池を中心として一九二六（大正一五）年に「あやめ池遊園地」を開いて以来、長年そのアクセス駅となっていた。駅周辺は、遊園地の存在によって昭和の時代には賑わっていたが、USJの台頭や少子化によって、あやめ池遊園地は二〇〇四（平成一六）年に閉園。いまは静かな住宅街となっている。

この菖蒲池駅の南側には、北側の菖蒲上池とは別の池がある。堤長一八〇メートル、堤高一四メートル、面積三八ヘクタールもある「蛙股池《かえるまたいけ》」だ。江戸時代は大池と呼ばれていたが、逆「く」の字形に湾曲した形をしており、「蛙股」と呼ばれる建築部材に似ていることからこの名前になった。

蛙股池は紀元七世紀につくられた、現存する日本最古の溜池といわれている。『日本書紀』には、推古天皇の時代に「倭国に、高市池、藤原池、肩岡池、菅原池《すがはらいけ》作る」という記述があり、この四つの池が文献上でみる、日本ではじめて人工的に作られた溜池だ。ここに記された菅原池が、現在の蛙股池とされている。

戦時中のカッターボートが眠る

菖蒲池駅の開設当時、一帯はあやめ池遊園地を中心に大きく賑わっていたが、蛙股池はそんな喧噪から外れて、静かなたたずまいを楽しむことのできるスポットとして親しまれていた。しかし、戦争によって閑静で美しい溜池もそのままではいられなくなった。

第二次世界大戦がはじまると、多くの土地が軍事用として使用されるようになった。そして一九四四（昭和一九）年、蛙股池は三重県海軍航空隊奈良分遣隊の予科練生のカッターボートの訓練場となった。カッターボートとは、手動でオールを漕いで進むボートのことであり、人員や物資の輸送のほか、救命艇として使われた短艇のこと。ここで海軍の若者たちがボート漕ぎの訓練を行なったのである。

戦争が終わるとまた静かな池に戻った蛙股池だが、じつは当時の名残があるという。池の底に、訓練で使用されたカッターボートが沈んだままになっているらしいのだ。

奈良市の担当者によると、一〇年前、確かにカッターボートが沈んでいるのを確認した記録があるという。もっとも、現在も変わらずその場所に沈んでいるかはわからないというが、もし本当に沈んでいれば、立派な戦争遺産となるだろう。

第四章

途中下車して巡りたい歴史ミステリー散歩

大神神社の節分の掛け声は独特の「福は〜山〜」

D42
桜井
さくらい
Sakurai
大阪線

奈良県桜井市に、日本最古の神社といわれる大神神社《おおみわじんじゃ》が鎮座する。『古事記』や『日本書紀』にその名前を見ることができる、由緒正しい神社だ。

大神神社では、毎年、二月三日に節分祭が行なわれる。一般的には、豆を投げて邪気を払い、福を迎えるための行事である。

大神神社の節分祭では、特設舞台から約一〇〇〇人の参拝客に向かって豆や福餅が投げられる。これだけならば、他の神社でもよく見られる光景であるが、特徴的なのはその掛け声。通常は「鬼は外、福は内」と言って豆を投げるが、大神神社の場合は「福は山」と言って豆を投げるのだ。

「福は山」の山とは三輪山《みわやま》のことを指している。三輪山は大神神社の東側にそびえる、高さ四六七メートル、周囲一六キロメートルの山。三輪山そのものが、福の神である大物主《おおものぬし》神《かみ》が座するご神体として祀られる祭神のため、大神神社ではそれにちなんで「福は山」という掛け声をするようになったのだ。

大神神社の横、三輪参道入口交差点に立つ大鳥居。後ろに見えるのは、大神神社のご神体となっている三輪山である。

多くの神社はご神体を祀る本殿と、参拝者が賽銭を投げてお祈りをする拝殿を持つ形式をとっている。しかし、大神神社にあるのは拝殿のみであり、本殿がない。それは前述の通り、三輪山そのものがご神体であるためだ。そのため、大神神社の拝殿の奥から三輪山にかけては、神職でも滅多なことでは足を踏み入れることを許されない禁足地となっている。

古代、日本の神社には本殿や拝殿といったものは存在せず、自然のなかで祭祀を行なっていた。日本人は自然そのものに畏怖や敬意を感じ、神の宿るご神体として、山や石、巨木を崇拝した。こうした原初の信仰の形を、大神神社はいまに残しているのだ。

政治的理由で決定⁉ 神武天皇陵が現在地にある意外な事情

B41
畝傍御陵前
うねびごりょうまえ
Unebigoryomae
橿原線

近鉄橿原線の起点である橿原神宮前駅のひとつ手前に、畝傍御陵前駅がある。駅名の「畝傍御陵」とは、駅の北東、畝傍山の山麓に広がっている陵墓「畝傍山東北陵《うねびやまのうしとらのすみのみささぎ》」のことだ。祀られているのは神武《じんむ》天皇である。

神武天皇は天皇家の始祖とされている。『日本書紀』では、紀元前六六〇年に日向を出立して大和を制圧し、日本を治め橿原宮で大王に即位したと書かれているが、あくまで神話上の人物と考えられている。

神話上の人物であっても陵墓があるのは、江戸時代から明治にかけて定められたからである。

神武天皇をはじめとした記紀の時代の天皇たちの御陵は、長い歴史の中で荒廃し、行方がわからなくなっていた。江戸時代になると、第五代将軍徳川綱吉《とくがわつなよし》によって本格的な天皇陵の場所の特定がはじまった。『延喜式』をはじめとする文献資料と照らし合わせることによって、天皇陵の場所を特定。そして第一四代将軍徳川家茂《いえもち》の代には、幕末の尊王攘夷

神武天皇陵に比定されている「畝傍東北陵」。幕末まではただの水田だったが、神武天皇陵とされてから土が盛られ、立派な墳丘ができた。

思想の高まりを受けて、幕府は朝廷から天皇陵の保護を求められ「文久の修陵」という、古墳の大規模な工事を行なった。

しかし保護・修築するにしても、どの古墳が天皇陵なのか、明確に定めなくてはならない。文久の修陵でもっとも重要視されたのは、皇室の始祖である神武天皇の墓がどこにあるのか、ということだった。神武天皇陵はこのときまで存在していなかったのである。

対立する三つの説

こうして神武天皇陵を探し当てることになったが、厄介なことに当時、神武天皇陵とされる場所には三つの説があった。というのも、『古事記』『日本書紀』『延喜式』

に記述されている天皇陵の場所がそれぞれ異なっていたからだ。

まず、『古事記』の記述をもとにしたのが丸山説。『古事記』には「御陵は畝傍山の北の方の白檮尾上《かし》に在り」とあり、畝傍山の北東部の尾根上にある、地元で丸山と呼ばれていた小山とされた。

次に、『日本書紀』の記述をもとにしたのがミサンザイ説。『日本書紀』には「畝傍山東北陵に葬りまつる」とあり、畝傍山の北東六〇〇メートルのところにある「神武田《かぶた》」と呼ばれる水田が比定された。この付近には、御陵を意味する「ミサンザイ」という地名が残されていることも、その理由とされた。

最後に『延喜式』の記述をもとにしたのが塚山説だ。『延喜式』には「畝傍山東北陵（略）大和国高市郡に在り、兆域《ちょういき》（墓域）東西一町。南北二町」とあり、ミサンザイからさらに北東へ四〇〇メートルのところにある古墳とされた。

ミサンザイ説を採用した政治的理由

そしてこの三説をめぐって学者たちによる激しい議論が交わされた。ところが、この論争は孝明《こうめい》天皇が自らの「御沙汰」によってミサンザイ説を採用したことで突然決着してしまう。いったいなぜ、孝明天皇はミサンザイ説のほうを採用したのだろうか。

その理由は、一か月後に予定していた孝明天皇の大和行幸にあった。孝明天皇は、攘夷祈願のために神武天皇陵と春日大社、伊勢神宮へと行幸することを計画していた。結局、公武合体派の妨害により実行されることはなかったが、朝廷においては尊王攘夷思想を高めるために大きな意味をもっていた。

大和行幸を行なうにあたり、神武天皇陵の場所を早く策定しなければならない。混乱する幕末の政局のなか、朝廷に急かされた幕府は大慌てで決定を下した。修築などのスケジュールを考慮して、一か月後の行幸に間に合わせるためには、水田であり、住民の移動や古墳の造営をすみやかに行なうことができるミサンザイのほうが、都合が良かったのである。

こうして神武天皇陵の位置が決定されると修復工事が行なわれた。水田の中に土台があるだけであった場所に土を盛り明治維新後も工事は続けられた。そして一八九八（明治三一）年には直径約三三メートル、高さ約二・三メートルの立派な円墳が完成した。

現在、歴史学上はその信憑性が疑われている神武天皇陵であるが、正式な天皇陵として現在も宮内庁に引き継がれている。一説によると、この水田跡は平安時代の中頃に神武天皇を祀るために建立した国源寺《こくげんじ》という寺院の跡だったともいわれている。

河内松原にかつて天皇の住む宮があったってホント？

F10
河内松原
かわちまつばら
Kawachi-Matsubara
南大阪線

近鉄南大阪線の河内松原駅周辺は、大阪府松原市の中心地である。松原市は大阪南部にあり、東西約五・八キロメートル、南北約五・一キロメートルの範囲に広がる大阪のベッドタウンである。一九五五年には人口が約三万六〇〇〇人しかいない田園都市だったが、南大阪線沿線という立地から人々が流入を続け、いまでは約一二万五〇〇〇人の住宅都市となっている。

この松原市が、かつては日本の中心地だったことがあるという話をご存じだろうか。それの場所が、河内松原駅から南東側へ徒歩五分ほどの場所にある柴籬神社《しばがきじんじゃ》である。五世紀後半、仁賢天皇の勅命によって創建された、一八代天皇反正《はんぜい》天皇を祭神とする神社だ。この神社の南門に「反正天皇柴籬宮址。昭和一九年一月、大阪府建之」の石碑が立っている。宮とは、当時の天皇の住まい。つまり日本の政治の中心地だった場所のことを指している。『日本書紀』にも「河内の丹比《たじひ》に都す。是を柴籬宮と謂う」とあることから、丹比（現在の河内松原駅周辺）に宮を置いたことがわかる。

反正天皇の宮殿である丹比柴籬宮の場所に比定される松原市の柴籬神社。祭神としても反正天皇を祀っている。

宮といっても、我々が想像するような、瓦葺屋根の宮殿をもった都ではなく、天皇が替わるたびに別の場所へ移動する一時的なものだった。柴籬という名前は、宮殿の周りが柴で囲われていた程度のものだったといわれており、当時は宮殿がじつに質素だったことがうかがえる。実際、日本の建物に瓦が葺かれるようになるのは飛鳥時代に入ってからのことである。

交通で選定した丹比

では、そもそもなぜ反正天皇は、丹比を選んだのか。それは、この地が交通の要衝だったからだろうと考えられている。『日本書紀』によれば、仁徳天皇の時代から、都の難波の高津宮南門から河内の丹比に至る道路があったという。

さらに、現在の堺市大小路付近にあったと考えられている榎津《えなつ》と呼ばれる港ともつながっていた。榎津から「大津道」と「丹比道」の二本の道が丹比地方へ伸びていたのである。大津道が北側で、その一・八キロメートルほど南に丹比道が平行にあった。丹比柴籬宮があった場所とされる柴籬神社が、そのちょうど中間にあたる場所にあることから、この地が古代において交通の要衝だったことがわかる。

また、反正天皇は葛城氏の血をひく磐之媛《いわのひめ》を母にもち、和邇《わに》氏に繋がる大宅臣木事の娘・津野媛《つのひめ》を妃としていた。この葛城氏と和邇氏というのは、どちらも大和の豪族であることから、反正天皇は、難波よりも大和に近い丹比に都を開いたとしても不思議ではない。

こうして開かれた丹比柴籬宮だったが、反正天皇が崩御すると、一九代允恭《いんきょう》天皇が都を飛鳥へ移したため、丹比は政治の中心ではなくなった。日本の政治の中心地だったのは、わずか六年だけだったが、松原市域には、いまも宮が置かれていたことを思わせる地名が残っている。東宮・極殿山・大門・中門・反正山《はじやま》といった字名があり、広大な宮地であったことがしのばれる。

F43
岡寺
おかでら
Okadera
吉野線

天文台説もある謎の大岩「益田岩船」じつはただの失敗作だった⁉

奈良盆地の東南部にある飛鳥の地は、六世紀末から七世紀にかけて日本の中心地であり、多くの遺跡が残っている。

近鉄吉野線岡寺駅の西側にある南妙法寺ニュータウンの山中にも、飛鳥時代の遺跡がある。南妙法寺町のバス停から急な坂道を登っていくと、山中に突如として巨大な石造りの物体が鎮座している。

「益田岩船《ますだのいわふね》」と名付けられたその巨石は、東西約一一メートル、南北約八メートル、高さ約四・七メートルという大きさで、重量は八〇〇トンから九〇〇トンにもなると推定されている。岩の上面には幅一・六メートルの溝があり、そのなかには正方形の深さ約一・二メートルの穴が二つ並んで彫り込まれている。岩の側面は、上部はなめらかに表面が加工されているが、北面と西面、東面の下部は、加工途中である。

この巨石の正体については諸説ある。

たとえば、占星術のための天文台ではないかというもの。上に柱を立て、天体観測をしていたのではないかというのだ。

弘法大師による巨大石碑の台座説もある。平安時代の八二二（弘仁一三）年に、ここより少し北側に益田池という大きなため池が築造された。それを記念して弘法大師が文字を刻んだ石碑が、この巨岩の上部にはめられていたというのである。『橿原市史』の中にも、岩船は益田池を築造した時の記念碑の台座であると記されている。

しかし、そうした台座説には反論もある。もし益田岩船が石碑の台座であるとすれば、これほど巨大な石造物をつくる労力のほうが、池をつくる労力を上回る可能性があるという。また南側以外の胴回りが加工途中なのも説明がつかない。

諸説があるなか、近年有力になっているのが、飛鳥時代の石室の未完成品説である。石室とは、古墳のなかに設けられた石製の埋葬施設のこと。古墳のなかに埋めるものだったはずが、加工途中でそのままになっているというわけだ。

石室として使われずに野ざらしになっているのは、どうやら上部の溝のひとつの底にある大きなヒビが原因らしい。つまり益田岩船は、石室を造ろうとしている途中、溝を掘る際に、失敗して大きなヒビが入り、そのまま放置されたものだというのだ。

益田岩船のある場所から南へ五〇〇メートルほど進んだ場所には、牽牛子塚古墳《けんごしづかこふん》がある。その墳丘内部の石室の構造が、益田岩船と酷似している。このことから、石室造りに失敗

益田岩船の全体像。上面には幅1.6mの溝があり、そのなかに正方形の穴が２つ並んでいる。雨が降ると、穴に水が溜まることもある。

したため、新しく造り直して牽牛子塚古墳に使用したといわれている。
　実際、益田岩船は非常に硬い花崗岩だが、牽牛子塚古墳の岩船は、比較的加工が容易な凝灰岩である。古代の人々は、益田岩船の失敗を教訓に、加工しやすい石材に変更したと考えても不思議ではない。

益田岩船の裏側。上部はきれいに加工されているが、下部は加工途中のままの状態。縦横に細い溝を彫り、ブロックごとに加工していたと推測される。

大きな遺跡は古代の時計 飛鳥の〝漏刻〟はどう使っていた？

F44
飛鳥
あすか
Asuka
吉野線

吉野線の沿線にある明日香村には、古墳や宮殿跡など、奈良時代の多くの遺跡が残されている。水落遺跡《みずおちいせき》もそのひとつ。一九七二（昭和四七）年、明日香村で民家新築の工事中に発見され、一九八一（昭和五六）年に全面発掘が行なわれた遺跡である。

水落遺跡からは、楼状の建物と一体になった水利用の施設跡が発掘された。建物は一辺一一メートルの正方形の基壇に、中央を除いて二四本の柱が立つ建っている。その中央部に位置する水利用施設は、花崗岩でつくられた台石があり、その上に大型と小型の黒漆塗の木箱で作られた水槽が置かれていた。土中には水槽へ水を引くための木桶暗渠や枡、暗渠内の水を汲み上げるための銅管があった。

建物の内部に水を流して真ん中に貯めるという、じつに不思議なつくりの遺跡である。じつはこの遺跡は、『日本書紀』に記された、日本最古の時計なのだ。

『日本書紀』の斉明天皇六年五月条に「皇太子中大兄皇子が初めて漏刻《ろうこく》を造り民に時を知らせた」と記されている。漏刻とは、水を用いて時間を計測する水時計のこと。

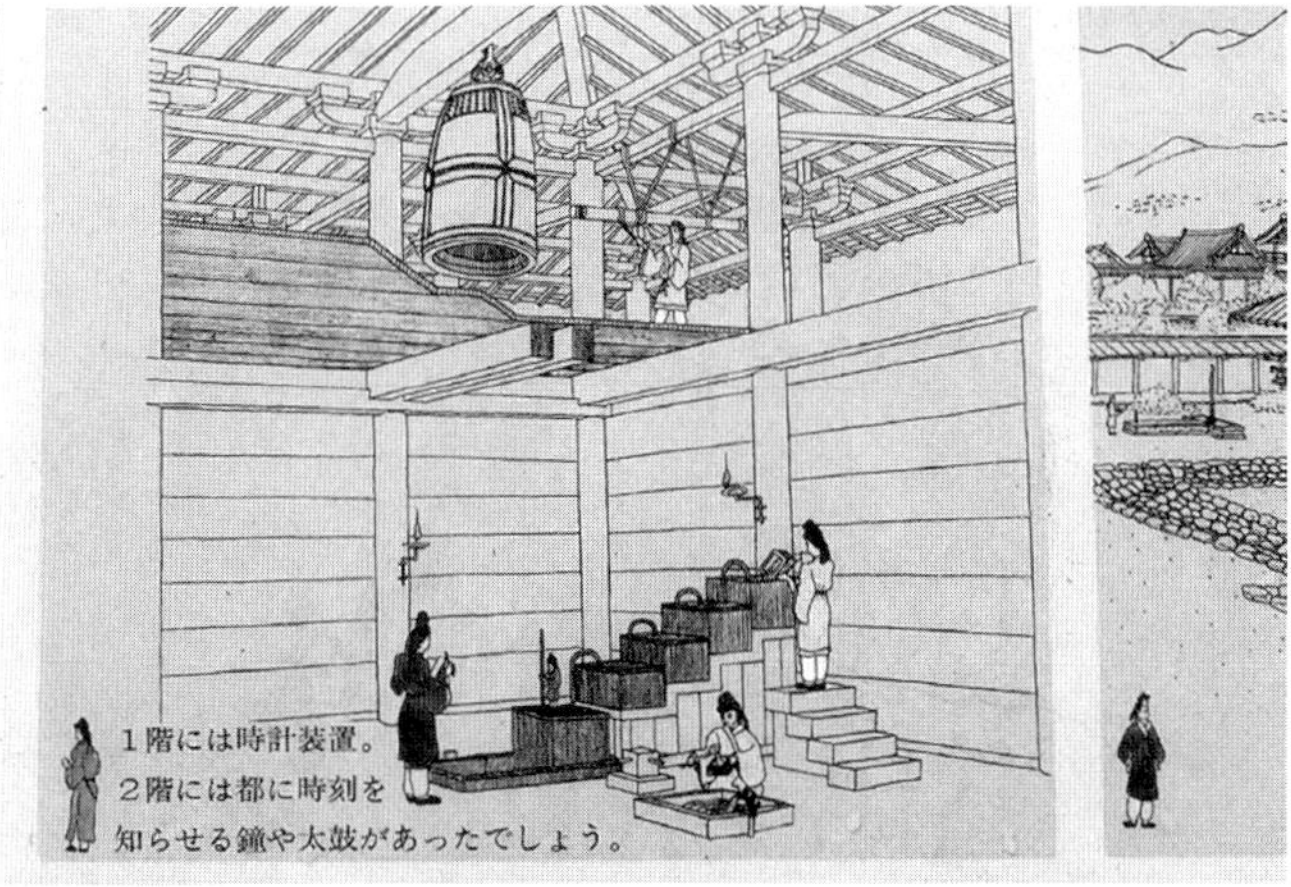

水落遺跡に立てられている看板の一部。水を管理する人、最下段の人形の箭に書かれた時刻を読む人、時刻を鐘の音によって知らせる人がいたと考えられている。

では、いったいどのような仕組みで正確な時刻を計っていたのだろうか。

水で正確に時間を計れる仕組みとは？

簡単に言えば、階段状に並べた複数の水槽を、細い銅管で繋ぎ、それを通った水が最下段の水槽に溜まった量で、時間を計る仕組みである。

この水槽は漏壺《ろうこ》と呼ばれ、一番下の漏壺には、十二辰刻制に基づいた時刻の目盛りを刻んだ箭《せん》を持つ人形が置かれた。十二辰刻制とは中国から伝来した、二四時間を一二で割り、それぞれに十二支の名前がつけられた時刻制度。水槽の水位が上昇すると、箭も上昇するので、この動きを見て、時刻の変化を読み取ったのだ。

重要なのは、時刻を正確に計るために、一定の間隔で水を流すことだった。そのためいくつもの漏壺が階段状に並べられていた。こうすれば、水が注がれる最上段の漏壺の水位の変化に左右されず、中間の漏壺の水位は一定に保つことができるため、水面が乱れたり、水がこぼれたりすることがない。

また、漏刻の使用には、大勢の人員を必要とした。まず最上段に立ち、漏壺に水を注ぐ人と、箭を読み時刻を告げる人が必要であった。漏刻は水の流れを絶やしてはいけないため、昼夜問わず水を流し、管理していなければいけなかった。そして、楼状建物の二階に備えられた鐘を鳴らし、定められた時刻を知らせる人も置かれていた。

漏刻は、飛鳥の人々に時刻を知らせ、同じ時間を共有させるためにつくられた。時刻の報知によって官人の登朝、退朝の時間が決定され、時刻によって仕事が管理されるようになったのである。現代人は時間によってスケジュールが決まることが当然だが、それは日本においては、奈良時代からはじまっていたのである。

A27
新大宮
しんおおみや
Shin-Omiya
奈良線

跡地の店が何度も閉鎖……現代によみがえる長屋王の呪い

近鉄奈良線で大和西大寺～新大宮間を走ると、北側に平城宮《へいじょうきゅう》跡を見ることができる。平城京の政務を司っていた役所や国家的祭祀を行なう儀礼施設が建っていた、平城京の中核的な一画だ。

その平城宮跡の東南角の部分、現在市街地となっている場所に、店舗が次々と閉店する土地がある。ここには一九八九（平成元年）年に百貨店「奈良そごう」が開店したが、二〇〇〇（平成一二）年に閉店。三年後にはその跡地を利用して総合スーパーマーケット「イトーヨーカドー奈良店」が開店したものの、近年では経営不振に陥り、二〇一七（平成二九）年に正式に閉店が決定された。

こうした相次ぐ閉店に、一部で曰く付きの土地なのではないか、という声が上がっている。じつはこの土地、奈良時代の宰相・長屋王《ながやおう》の邸宅跡地である。一九八八（昭和六三年）年に「奈良そごう」建設のために行なった発掘調査で、「長屋親王宮」と書かれた木簡をはじめ、三万五〇〇〇点以上の木簡が出土したことで判明した。

長屋王の邸宅の敷地は約六万平方メートルもあり、なかは掘立柱塀によって分割され、それぞれの区画に建物が建てられていた。中央部には床面積が三六〇平方メートルもある巨大な建物があり、外郭には使用人の居住区や作業場、倉庫などがあった。

長屋王は六七六年に天武天皇の長男・高市皇子《たけちのおうじ》の子として生まれ、聖武《しょうむ》天皇の時代に左大臣として政権を握った人物だ。三世一身法《さんぜいいっしんのほう》などの政策を施行した有能な官僚だった。しかし、対立していた藤原不比等の息子である藤原四兄弟（武智麻呂《むちまろ》・房前《ふささき》・宇合《うまかい》・麻呂《まろ》）の画策により、謀反の疑いをかけられてしまう。長屋王は無実を訴えるも罪人として邸宅を囲まれ、激しい糾弾を受けた。そして勝ち目はないと悟ると、長屋王は夫人の吉備内親王と四人の子とともに自害した。

平安時代に編纂された『続日本記』には、無実の者を陥れるという意味の「誣告《ぶこく》」という言葉が使われており、当時から長屋王の無実は信じられていたようだ。ではなぜ、長屋王は藤原四兄弟によって死に追いやられたのだろうか。

藤原四兄弟の目的は、異母妹である光明《こうみょう》夫人を立后《りっこう》（皇后につける）させ、生んだ皇子を次の天皇に据えようとすることにあった。臣下の娘である光明夫人は通常は皇后になることはできないとされていたが、藤原氏が政治力を活かして特例とすれば可能性はある。しかし、左大臣の長屋王は特例を嫌い、律令や慣行を守る人物だったため、当然、立后にも反対することが予想されていた。藤原四兄弟は、そうなる前に長屋王を引きずりおろす作戦に出たのである。

聖武天皇もまた、臣下でありながら豪華な生活と強い特権を握っていた長屋王を疎ましく思っていたといわれている。実際に長屋王邸宅から出土した史料によれば、長屋王が天皇と同等、もしくはそれ以上の財産を持っていただけでなく、宮中では天皇しか食すことの許されない氷や牛乳までも手に入れることができた。

無実の罪を着せられ死に追いやられた長屋王だが、その後、不可解なことが起こる。都で天然痘が大流行し、藤原四兄弟が相次いで病死したのだ。聖武天皇はこれを長屋王の祟りの仕業であると恐れ、長屋王の遺児に対して叙位を行うことで、恨みを鎮めようとした。

さらに平安時代に記された『日本霊異記』には、死後の長屋王に関して次のような逸話が残る。長屋王の遺骨は海に捨てられ、土佐国へと流れ着いた。するとその土地で多くの百姓が死んだため、地元の人々はこれを長屋王の祟りであると恐れて朝廷に訴えた。朝廷はその流れ着いた遺骨を紀伊国に移し、弔ったという。こうした祟りを畏れる「御霊信《ごりょうしん》仰《こう》」に崇峻《すしゅん》天皇や菅原道真があるが、この長屋王が端緒であったとされる。

店舗の閉店が相次ぐ土地が長屋王の自害した邸宅跡であったとは、偶然とはいえ、祟りの噂が流れる素地があったわけだ。

南大阪線の当麻寺は相撲発祥の地

F21
当麻寺
たいまでら
Taimadera
南大阪線

近鉄南大阪線で奈良県へ向かい、二上山麓を東側へ回り込むと当麻寺駅につく。駅から西へ向かって一五分ほど歩けば、七世紀創建の當麻寺《たいまでら》に至る。牡丹の名所として知られ、開花する時期には多くの観光客が訪れる。

駅から當麻寺の東門へ向かう道脇に相撲館がある。土俵や相撲の歴史に関する展示物が置かれた相撲の資料館だ。相撲といえば、東京の両国国技館が有名だが、じつはこの當麻が相撲発祥の地。地元の「當麻蹶速《たいまのけはや》」という人物が、當麻の地において日本で初めての相撲を行なったのである。この取り組みの様子は『日本書紀』にも記されている。

日本初の相撲は、第十一代垂仁《すいにん》天皇の時代に行なわれた。側近から「大和国の當麻という土地に當麻蹶速という、生まれつき力が強く、勇敢な男がいる」という話を聞いた天皇は、當麻蹶速の実力を知るために力比べを考える。すると部下の進言を受けて、出雲国から勇士と評判だった野見宿禰《のみのすくね》を呼び寄せて、二人を闘わせた。

奈良時代初期までの相撲はいまと違って、相撲史では「闘技時代」と呼ばれる、土俵も

参道の脇にある當麻蹶速塚。勝者の野見宿禰が相撲の神様と崇められている一方で、當麻蹶速が敗者であるために目立たないことを惜しんだ地元の人々が建てたと伝わる。

なくルールも存在しない、いわばデスマッチ。二人は互いに足で蹴りあう壮絶な戦いを見せ、結果、當麻蹴速は押し倒され、あばら骨や腰を踏み砕かれて殺されてしまう。

この取り組みが行なわれた場所が、当麻寺駅から北東へ約二キロ、大字良福寺付近にある。西岡という小高い丘に垂仁天皇が座し、西側の田圃を相撲場にして二人の取り組みを見物していたという。取り組み場となった田圃は、當麻蹴速の腰が折れたことに由来して昭和初期までは「腰折田《こしおれだ》」と呼ばれていたという。

現在、取り組み場所に行っても何も目印はない。しかし、相撲館の横には當麻蹶速が祀られている塚があり、ここが相撲発祥の地であることを物語っている。

木村重成の墓石だけが擦り減っている驚きの理由

A10
若江岩田
わかえいわた
Wakae-Iwata
奈良線

近鉄奈良線の下り列車に乗って八戸ノ里駅を過ぎると、若江岩田駅につく。駅の周辺一帯はものづくりの中小企業が集まる東大阪を代表するようなエリアである。工場が立ち並び、トラックなどが頻繁に行き来している。

工業地帯という趣も強いが、じつは史跡が残る場所でもある。一帯は大坂夏の陣のときに戦場だった場所である。天王寺や道明寺でも激しい合戦が繰り広げられたが、若江岩田駅周辺も若江古戦場と呼ばれるほどの激戦地。その名残が至るところに点在している。

駅の前を通る府道二一号を南へ一五分ほど、八尾市幸《さいわい》第一公園にある木村重成《きむらしげなり》の墓もそのひとつ。木村重成は、冬の陣で初陣ながら徳川方の佐竹義宣《さたけよしのぶ》と戦い、大勝利を挙げた若武者。しかし、夏の陣では井《い》伊《い》直孝《なおたか》隊を前に必死で奮戦するも討死してしまった。その後、重成の首は井伊隊にいた安藤長三郎《あんどうちょうざぶろう》によって、彦根の安藤家墓所に葬られた。

幸第一公園の重成の墓は、重成の一五〇年忌にあたる一七六四（宝暦一四）年、重成が討死した場所に安藤長三郎の子孫によって建てられたものだ。

墓石を飲むことが流行!?

この公園の墓を見て気がつくことがある。墓石が妙に擦り減っているのだ。表面の刻字すら読みづらいほどであり、石の角は丸くなってしまっている。横にある妹婿の山口左馬《やまぐちさま》之助弘定《のすけひろさだ》の墓石がきれいな状態であるのと比べても、重成の墓石だけが著しく摩耗していることがわかるだろう。

豊臣方の武将として出陣した木村重成の肖像画。『元和老花軍記』には美男第一、『難波戦記大全』には無双の美男、和国随一の美男と書かれた若武者だった。

じつは、墓は建てられた当初はきれいな状態だった。それがいまのような状態になったのは、大阪の人たちの間で巻き起こった重成ブ

幸第一公園内にある木村重成の墓。左横にある山口左馬介弘定の墓と比べると、表面が著しく摩耗していることがわかる。

ームのためである。当時、重成の墓に願をかければ、何かひとつは必ず叶うという噂が広まり、多くの人々が参詣に訪れていた。

そうした折、墓石を削って飲めば、勇気が湧いて勝負ごとに強くなるという迷信までが巷に流れ、参詣に訪れた人たちが墓石を削り取ったのである。勝負ごとに強くなるとあって、博徒衆の人気を集めていたが、次第に一般人にも広まっていった。そして重成の墓は削りとられていき、角が丸くなり、表面の刻字が読みづらくなるほど、激しく痛んだ状態になったのである。

効果のほどは不明だが、死んでもなお大阪の人々から愛され、信仰された重成。その墓に一度訪れて、願い事をしてみてはどうだろう。

松阪の御城番屋敷が「生ける武家屋敷」と呼ばれるのはなぜか？

M64
松阪
まつさか
Matsusaka
山田線

近鉄大阪線の急行で青山峠を越え、そのまま伊勢中川駅から山田線へ接続すると、次に松阪駅に到着する。松阪の町は、いまでは三重県の経済拠点のひとつとなっているが、江戸時代においては伊勢や名古屋と切り離された、紀州藩の飛び地だった。

統治の拠点となった松坂城は、駅から北西へ向かって一五分ほど。蒲生氏郷によって一五八八（天正一六）年に築城され、現在でも立派な石垣の姿を見ることができる。

松坂城の裏門跡と搦手門の間に伸びる石畳みの両側に「生ける武家屋敷」として知られている御城番屋敷《ごじょうばんやしき》がある。御城番屋敷とは、江戸末期に松坂城の警護を担う御城番であった紀州藩士とその家族が暮らした組長屋のことだ。約一ヘクタールの屋敷地のなかに、主屋二棟と土蔵、畑、前庭、南龍神社がある。主屋は東棟が一〇戸、西棟が九戸となっており、松阪市が借用している西棟の北端の一戸のみが、一般公開されている。

御城番屋敷が「生ける武家屋敷」と呼ばれるのは、今でも紀州藩の子孫たちがここに住んでいるためだ。

明治維新を迎えた武士は、生活苦から屋敷などの財産を手放すことが多かったが、松坂の元紀州藩士たちは武家屋敷を守るため一八七八（明治一一）年合資会社「苗秀社《びょうしゅうしゃ》」を設立。屋敷を含めた資産運用をはじめた。そしていまでもその子孫たちが苗秀社を保ちながら暮らしている。

祖先の悲願によって手に入れた御城番屋敷

なぜ幕末の元紀州藩士は、これほどまで御城番屋敷に並々ならぬ思い入れを持っていたのだろうか。その理由は、彼らの祖先が長い苦節に耐えてこの御城番屋敷を手に入れた歴史にある。

御城番屋敷に住んだ紀州藩士の祖先は、徳川家康の先鋒隊として活躍した横須賀党であった。一六一九（元和五）年、彼らはその功績から紀州藩主の徳川頼宣《よりのぶ》の家臣となり、紀州藩の田辺に居住することになった。彼らは「田辺与力《たなべよりき》」と呼ばれ、安藤家が治める田辺城に勤めはするが、あくまで藩主・紀州徳川家の直属の〝直臣《じきしん》〟であった。

しかし一八五五（安政二）年、彼ら田辺与力は突然、安藤家直属の家臣となることを命じられる。つまり藩主の家来の、その家臣（陪臣《ばいしん》）へと降格されてしまったのだ。当然、田辺与力の面々はこれに抗議した。しかし、その訴えは聞き入れられず、一年後に彼らは

松坂城から見下ろした御城番屋敷。右側の西棟に９戸、左側に見える東棟に10戸の屋敷があり、西棟の手前側の１戸のみ一般公開されている。

妻子と共に藩を抜けることを決意する。

田辺与力たちは、四方に離散して六年間も放浪生活を続けた。だがこの間も紀州藩へと戻ることを諦めずに帰藩の嘆願を続けていた。やがて彼らの声は、紀州徳川家の菩提寺である長保寺《ちょうほうじ》の耳に届き、長保寺の海弁僧正《かいべんそうじょう》の人脈を通じて一橋徳川家の徳川慶喜をも動かした。そして一八六三（文久三）年、ついに直臣としての帰藩が認められることとなり、松坂の御城番としての新たな役割を与えられたのである。

「苗秀社」の社員はすべて、直系の子孫から成り立っている。彼らはこうして、祖先が大変な思いをして手に入れた場所を「生ける武家屋敷」として今も守り続けている。

女性は入山禁止 厳格な掟を守り続ける修験道の聖地・山上ケ岳

F57
吉野
よしの
Yoshino
吉野線

近鉄吉野線の終点である吉野駅は、修験道の行場のひとつである吉野山への玄関口となる駅。駅舎は、角度が急な大屋根と緩い角度の小屋根を組み合わせた「大和棟《やまとむね》」と呼ばれる社殿風の建築様式をしている。

この駅を出てロープウェーに乗ると、春の桜で有名な吉野山が見えてくる。山腹一面に山桜が咲く光景は「一目千本」と称され、多くの観光客に人気のスポットである。桜は修験道の開祖である役小角《えんのおづぬ》が、感得した蔵王権現《ざおうごんげん》を桜の木に彫って神木としたことが由来だといわれているが、一説によると後醍醐《ごだいご》天皇が好きだった桜の木を、家臣たちが天皇の死後に御陵のまわりに植えたことが始まりだともいわれている。

吉野からのびる伝統の奥駈道

この吉野山を起点に南へのびているのが、世界遺産「紀伊山地の霊場と参詣道」の一部を成す大峯奥駈道《おおみねおくがけみち》である。吉野山から和歌山県の熊野本宮大社まで約八〇キロメートル、

洞川温泉から大峯山へ至る途中に設けられた「女人結界門」。「宗教的傳統に従って女性がこの門より向こうへ登ることを禁止します」と書かれた看板も近くに立っている。

春に山桜が咲き乱れる吉野山の風景。このシーズンの吉野駅は観光客でごった返す。

紀伊山地の中央を南北にのびる大峯山脈をひたすら辿る行者道だ。道中のほとんどが一〇〇〇から一九〇〇メートルの峰々を越える険しい尾根道となっている。この道を一週間かけて踏破することは、修験道で最も重視される修行であった。山中には室町時代につくられた「靡《なびき》」と呼ばれる行や礼拝のための場所が七五ヵ所もあり、現在も変わらずに残されている。

吉野山からこの大峯奥駈道をたどって二〇キロメートルほど尾根道を歩いたところに、この行者道の修行の拠点である大峯山（山上ヶ岳）がある。じつはこの山、女性が入山してはいけない「女人禁制《にょにんきんせい》」という掟が存在する場所だ。洞川《どろがわ》温泉からの登山口や大峯奥駈道上に女人結界門が存在し、そこから上に女性は立ち入ってはいけないことになっている。

女人禁制という掟は江戸時代においては、比叡山や高野山などほかの山にも存在した。もとは修行者の禁欲のためであり、行場において女性の立ち入りを禁じて、修行者が修行に専念できるようにしたのである。

明治維新を迎えると、法令によって女人禁制の撤廃が行なわれた。しかしなぜか大峯山ではそれがうやむやになり、女人禁制が解除されないまま現在に至っている。とくに世界遺産登録の際に開放への動きがあったというが、在家信者の反対で開放には至らなかった。

現在、「大峯山の女人禁制を開放する会」などの市民団体が、禁制の撤廃に向けた活動を行なっている。伝統として固持されてきた女人禁制は、時代の波にさらされている。

B12
大久保
おおくぼ
Okubo
京都線

基地の町・大久保をつくったのは近鉄ではなく南海

近鉄京都線は田園地帯と住宅街のなかを抜けていく路線だが、大久保駅周辺だけは趣が違う。大久保はＪＲ奈良線の新田駅と連絡する重要な駅であり、さらに陸上自衛隊の大久保駐屯地が隣接する基地の町。四月の桜まつりや五月の記念日行事などにおいては、多くの来場者で大久保駅のホームはごった返す。

大久保駅がこうした陸自の基地の町になったのは、一九五七（昭和三二）年のこと。終戦直後にアメリカ軍に接収されていたこの場所に、接収解除によって、兵庫県姫路市から自衛隊の第一〇特科連隊が移駐し、四年後には第四施設団が編成された。では、アメリカ軍が接収する前には何があったのか。

南海電鉄社長が興した日本航空工業

接収前、この土地には航空機を製造する「日本国際航空工業」の工場があった。日本航空工業と国際工業が合併してつくられた軍需企業だが、じつはこの会社の成立には近鉄南大阪線のライバルである南海電鉄の社長が関わっていた。近鉄の沿線圏になぜ南海が関わるのか、前身二社の成り立ちから探ってみたい。

昭和初期、満州事変を契機に日本では軍需産業が隆盛していた。また戦時体制下において航空機が重要視されるようになった。

そうした折、兵庫県に本社工場をもつ川西航空機の取締役だった坂東舜一《ばんどうしゅんいち》が、新たに航空機製造会社設立を計画。学校の後輩でもある南海電鉄社長の寺田甚吉《てらだじんきち》が航空機製造に興味を示していることを知って起業を勧めた。そして一九三七（昭和一二）年、寺田が自らを会長として日本航空工業株式会社を興し、航空機製造を始めたのである。

大久保に工場を開設した国際工業

一方、時を同じくして重化学工業への進出をもくろむ鐘淵紡績《かねがふちぼうせき》（現・クラシエ）の津田《つだ》信吾《しんご》が航空機製造に乗り出し、一九三九（昭和一四）年に国際工業株式会社を設立した。これはイタリア・フィアット社から技術供与を受けることを前提に始まった事業である。九名いた取締役のなかには、前述の南海電鉄社長・寺田甚吉の名前もあった。

国際工業は、当時国策として進められた飛行場新設計画で、京都府が巨椋池《おぐらいけ》干拓地に誘致運動を展開していることに着目。京都府は一帯を産業地帯とする洛南工業地帯構想を抱いており、飛行場のみならず国際工業の誘致にも熱心だった。こうして国際工業は、京都飛行場に隣接する場所に製造工場を建設した。それが現在の大久保駐屯地の土地である。

しかし国際工業には大きな誤算があった。一九三九年に勃発した第二次世界大戦の影響で、フィアット社からの技術派遣や資材供給が白紙になったのである。国際工業は是が非でも独力で航空機製造に着手しなければならなくなったが、経験者が少なく独自の技術開発は困難である。そこで、取締役のひとりであった寺田の経営する日本航空工業との合併が提案された。日本航空工業は、技術は持っていたものの、製造設備が不十分であったため、寺田としてもこの合併は歓迎すべきことだった。そして一九四一（昭和一六）年、社長に津田、副社長に寺田を据えた、日本国際航空工業株式会社として再スタートした。

こうした紆余曲折を経て大久保工場は、日本国際航空工業の京都工場となり、飛行場に隣接する全国で唯一の製造工場として、多くの航空機を製造した。しかし終戦を迎えると、京都工場はアメリカ軍によって接収され、一九五七年からは自衛隊の駐屯地となっているのは前述の通りである。日本国際航空工業は、一九五一（昭和二六）年から日産自動車と提携し、現在は日産車体となっている。

大久保が基地の町となった裏に南海電鉄社長が深く関わっていたというのは、こうした経緯があったからである。

018

富田林

とんだばやし

Tondabayashi

長野線

富田林寺内町内の道路がクランク状になっているワケ

近鉄長野線は、石川《いしかわ》の左岸に沿って敷設された、古市～河内長野間を結ぶ約一二・五キロメートルの路線である。沿線に金剛東ニュータウンなどの住宅地や高校野球で有名だったPL学園高校があり、長野線は通勤・通学路線として使われている。

長野線沿線の観光地のひとつである富田林寺内町《とんだばやしじないまち》は、富田林駅の南側、もしくは富田林西口駅の東側にある。中世末期より寺内町とし形成され、近世には在郷町として河内南部の中心地として発展した町で、整然とした碁盤目状の町並がよく残り、国の重要建造物群保存地区に指定されている。

富田林駅から市場筋を通り、この寺内町に一歩足を踏み入れると、伝統的な町並みに圧倒されるだろう。城之門《じょうのもん》筋を中心として江戸時代から昭和前期までの古い町家が立ち並ぶ景観は圧巻だ。

町並みを堪能しながら寺内町を歩いていると、ふと気が付くことがある。道が直線であるはずなのに、町の入り口や町中の交差点がなぜか見通しが悪い。幅二メートルほどの道

富田林寺内町の概略図

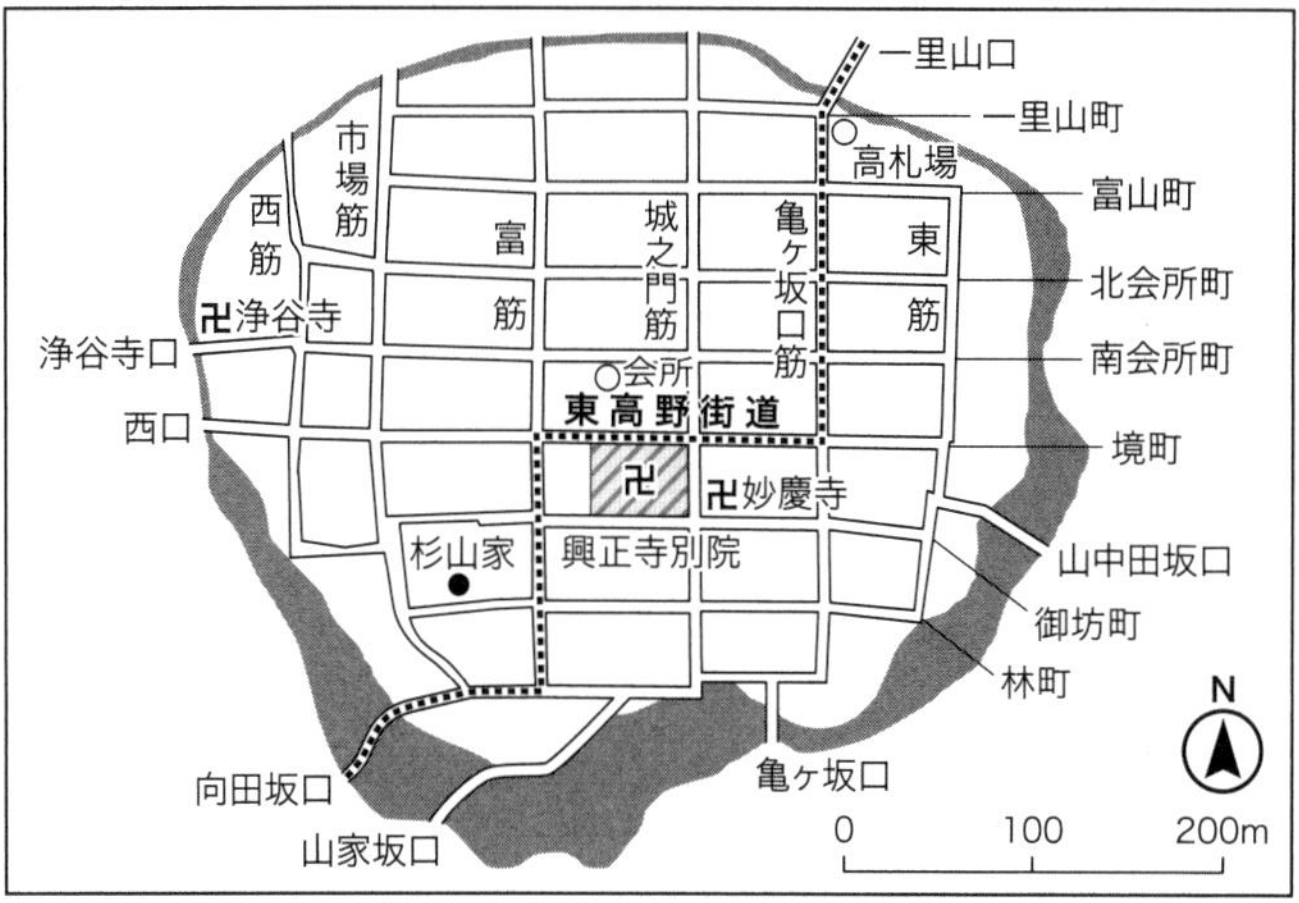

近世における富田林寺内町の街路。「あて曲げ」と呼ばれる屈曲部や丁字路の「遠見遮断」が設けられている。

が、幅一メートルほど横にずれ、クランク状に食い違っている。

これは城下町にもみられる「遠見遮断《とおみしゃだん》」や「あて曲げ」という。いったいなぜこんな構造なのか。寺内町の形成過程から紐解いてみよう。

外敵を撹乱する構造

富田林寺内町のはじまりは、一五五八（永禄元）年。一向宗（浄土真宗）の興正《こうしょう》寺《じ》第一四世の証秀上人《しょうしゅうしょうにん》が、河南一帯を治めていた高屋城主安見直政《やすみなおまさ》（一説では三好《みよし》長慶《ながよし》）より御坊境内地として銭百貫文で購入したことからはじまる。そして、戦国時代のなかで、他宗派や封建勢力から町を守るため、寺内町の構造そのものに、もしものときに備えた造りを施した。

まず寺内町の立地が、石川沿いの高台で、北面以外の三方を崖に囲われた要害の地ということが挙げられる。そして町の周囲には、土居などの防御施設が張り巡らせた。こうした防備を固めておけば、外敵に襲われても、町の門を閉ざして籠城できる。

そして町の入り口や町中でも、外敵の目を攪乱するため、わざと見通しを悪くした。このクランク状の交差点は、町の守りのためにあえて設計されたものだった。

寺内町の人々は、こうした戦禍を防ぐ町づくりをしたと同時に、政治的配慮によっても町を戦乱から守った。たとえば織田信長と本願寺との間で一〇年続いた石山本願寺戦争が起きた際、同じ一向宗であるために本願寺から同調を求められたが、富田林はそれには加わらず、ひたすら中立を保ち続けた。

すると信長は富田林に安堵状を発行し、秀吉は直轄領として保護、さらに家康も安全を保障するに至った。要塞のような町づくりと、こうした徹底した中立外交によって、富田林寺内町は一度も戦禍にさらされることなく在郷町として発展し、今日まで続いているのである。

第五章

意外な事実が見えてくる！駅名・地名の由来

天王寺周辺の「堀」地名に隠された古代の公共工事の痕跡

F01 F02

大阪阿部野橋
おおさかあべのばし
Osaka-Abenobashi

河堀口
こぼれぐち
Koboreguchi

南大阪線

大阪阿部野橋駅のひとつ隣に河堀口という駅がある。駅名からすれば、いかにも周囲には道頓堀のような堀川があるイメージだが何もない。ほかにも天王寺周辺にある地名を見てみると、堀越町《ほりこしちょう》、北河堀町《きたかわほりちょう》、南河堀町《みなみかわほりちょう》などが散見されるが、ここにも堀川は存在しない。なぜ「堀」のつく地名が多いのか。

この謎を解き明かすには、一帯の地形にヒントがある。北河堀町と南河堀町の一帯から、西側の茶臼山《ちゃうすやま》の南・天王寺公園内にある河底池《かわぞこいけ》まで、谷のように凹んだ低地が続いている。じつはこの「堀」という地名とは、この凹んだ地形に深い関係を持っている。というのも、これらの地名は、平安時代にここへ堀川を通すための開削工事が行なわれ、それにちなんでつけられた地名である。

和気清麻呂の治水事業

現在の大和川は、南から流れてくる石川と柏原で合流したあと、一直線に西へ流れて大

天王寺周辺の地形と開削地跡

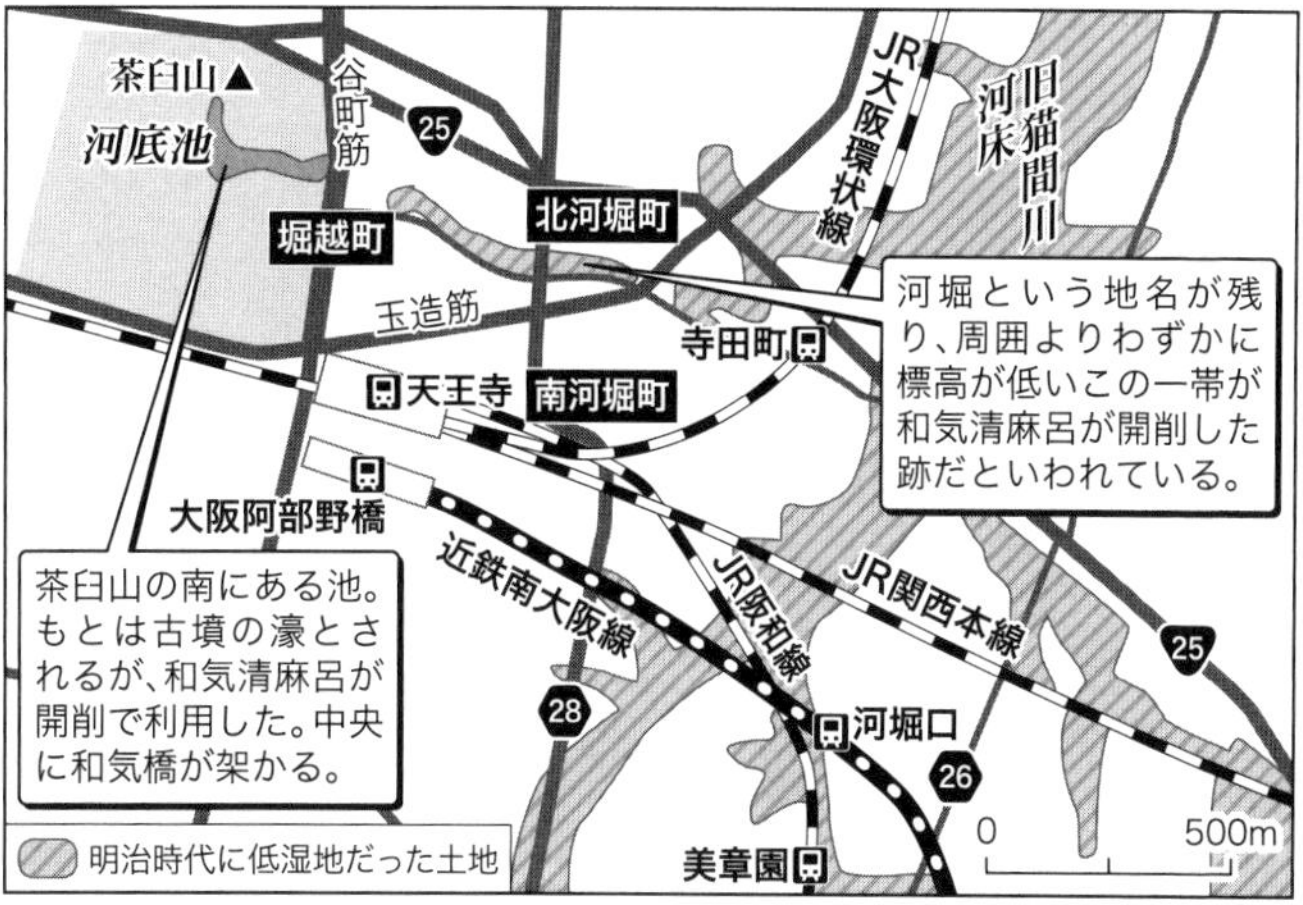

明治時代に低湿地だった場所を見ると、和気清麻呂が開削した堀跡が明瞭になる。猫間川の辺から河底池までを東西に掘ったことがわかる（地理院地図をもとに作成）。

阪湾へ続いているが、かつては柏原から西北へ折れたところで長瀬川や玉串川、平野川などの小河川に分流していた。

大和川が流れていた河内平野は、川が運ぶ土砂によって肥沃な田畑となっていたが、それと同時に川の流れで運ばれた土砂が河底に溜まることで、周囲の田畑よりも河底が高い天井川となっていた。少しでも大雨が降ると、途端に川の水が溢れ出し、洪水を頻発するようになっていたのである。実際、七八五（延暦四）年には、三〇か所もの堤防が決壊する大洪水が起き、周囲に甚大な被害を与えた。

この洪水の三年後、苦しむ人々のために立ち上がったのが、摂津大夫の和気清麻呂《わけのきよまろ》だった。『続日本紀』によると、清麻呂は政府に「河内・摂津の両国の境に、川を堀り堤を築き、荒陵《あらはか》の南より河内川を導き、西のかた海に通ぜむ。然らばすなわち沃壤ますます広くして、以て開墾すべし」と奏上した。

これは上町台地を東西に切り拓き、大和川の分流である平野川の流路を導いて大阪湾に通す治水計画である。猫間川にあったかつての大字河堀口（河堀口駅の位置ではなく、JRの寺田町駅付近）から茶臼山古墳（荒陵）の南側に向かって開削する。この工事が完成すれば、大和川が氾濫することもなく、河内平野に開墾地を広げることができる。

工事は約二三万人が従事する大掛かりなものとなった。しかし努力むなしく、川の完成には至らなかったようだ。『日本後紀』に「清麻呂、摂津大夫として河内川を穿ち、直ちに西海に通じ、水害を除かんと凝す。費やすところ巨多にして、功遂に成らず」と記されている。工事が中断された理由はさだかではないが、『東大阪市史』によると、やはり当時の技術力で水路を開削することは難しかったようだ。

清麻呂の工事が未完に終わったため、その後も川の氾濫は相次いだ。河内に住む人々が安寧を得るのは、江戸時代に行なわれる大和川の治水工事まで待たなくてはならない。

結局、清麻呂のつくった河堀口からはじまる未完の堀に水が流れることはなかった。周囲より少し凹んだ地形と地名、そして河底池にかかる和気橋という名前の橋だけが、清麻呂が挑んだ結果をいまに伝えている。

地名や駅名にもなっているのに「久宝寺」という寺院がどこにもない謎

D10
久宝寺口
きゅうほうじぐち
Kyuhojiguchi
大阪線

近鉄大阪線の下り列車に乗ると、近畿自動車道をくぐった直後に久宝寺口駅に着く。この南側に久宝寺《きゅうほうじ》寺内町《じないまち》がある。

ここは中世に形成された寺内町である。地名からすれば当然、久宝寺という寺院の寺内町として発展したのかと思うが、じつは顕証寺《けんしょうじ》という寺院を中心として形成された町だ。

一四七〇（文明二）年、浄土真宗本願寺第八代法主・蓮如上人《れんにょしょうにん》がこの地に布教に訪れて顕証寺（建立当初は西証寺《せいしょうじ》）を建立し、門徒宗を集住させて寺内町をつくった。『顕証寺文書』によると、集落は約四〇〇平方メートルの広さであり、周囲は町を守るために築かれた二重の濠と土居（土塁）によって囲まれていたとされる。土塁の一部や、碁盤の目状の街路は現在も残っている。

ここが顕証寺の寺内町であるのなら、久宝寺という地名はどこからきたのだろうか。地図を見てみても、顕証寺や発願寺《ほつがんじ》、念仏寺《ねんぶつじ》など寺院名はあるが、どういうわけか地名となっている久宝寺の寺院は見当たらない。

じつは、久宝寺はかつて存在していた寺。この地に建立されたのは飛鳥時代。聖徳太子が物部守屋《もののべのもりや》への勝利を祈願して建立した四十六仏閣中の二十二番目の寺と伝わっている。十一面観音を本尊として祀り、七大伽藍の大寺であったとされるが詳細は不明だ。その後一四〇七（応永一四）年に慈願寺《じがんじ》の法心《ほっしん》が記した『拾遺古徳伝』の写本には、慈願寺を「久宝寺道場」と称する一文がみられることから、久宝寺がすでに地名となっていることがわかる。そして寺内町をつくった蓮如上人が、久宝寺を訪れ「年つもり　五十有余をおくるまで　きくにかわらぬ鐘や久宝寺」という歌を詠っている。確かにこの頃には久宝寺が存在し、ここで鐘を鳴らしていたことが見てとれる。

長い歴史のなかで消えた寺

ところが、時は動乱の戦国時代。久宝寺も兵火にさらされてしまう。戦国武将・松永久秀《まつながひさひで》によって久宝寺は灰燼となった。しかし本尊である十一面観音は、寺が焼け落ちる前に寺僧が担いで逃げたため難を逃れた。その後各地を転々としたが、一六六七（漢文七）年に再び寺内町に戻り、許麻神社《こまじんじゃ》の境内に久宝寺観音院として復興された。一度は焼失したものの、許麻神社に付随する神宮寺として、久宝寺は続いていたのである。

しかし明治維新を迎えると、政府の神仏分離政策により久宝寺観音院も廃寺となり、久

許麻神社の境内にある手水舎。久宝寺観音院の鐘楼が移築された建物であり、久宝寺という寺院の唯一の名残である（提供：ブログ「エナガ先生の講義メモ」）。

宝寺の名がつく施設はなくなった。こうして久宝寺という地名だけがこの地に残っているというわけだ。

現在、許麻神社の境内にある手水舎は、久宝寺観音院の鐘楼の建物を移築したものだ。また、本尊である十一面観音は、寺内町にある念仏寺に安置されている。久宝寺の名残は、地名以外はこの二つだけである。

久宝寺の地名といえば、大阪上本町駅の北側に、内久宝寺町という住所がある。これは慶長～元和年間（一五九六～一六二四）に道頓堀を開削する際、工事の中心人物であった安井道頓《やすいどうとん》や安井九兵衛《きゅうべえ》が、縁あった久宝寺寺内町から大量に人を呼び寄せ、そのまま移住したからだといわれている。

鶴橋の由来は〝日本最古〟の橋から

A04 D04

鶴橋
つるはし
Tsuruhashi

奈良線・大阪線

コリアンタウンといえば、関東では東京の新大久保を指すが、関西では大阪上本町のひとつ隣にある鶴橋が有名だ。近鉄大阪線の鶴橋駅西口付近には、キムチや焼肉をはじめとした韓国料理屋が軒並び、駅の東口付近は食料品の市場街となっている。

鶴橋という地名が起こったのは、一八八九（明治二二）年の町村制施行のときである。一帯にあった猪飼野《いかいの》村、木野《この》村、岡村、小橋《おばせ》村、東小橋村、の五か村が合併する際に、この地域に江戸時代から存在していた公儀橋「鶴之橋」にちなんで「鶴橋村」と名づけた。

現在、その鶴之橋はないが、かつて橋のあった生野区桃谷三丁目の「つるのはし跡公園」には、石橋の親柱四本が残されている。

じつはこの鶴之橋が、日本でもっとも古い橋といわれている。最古とは、いったいどれほど古くからあったのか。『日本書紀』によれば、なんと第十六代仁徳天皇の時代（三一三〜三九九）にまで遡る。

『日本書紀』には「猪甘津《いかいのつ》に橋為す。即ち其の處《ところ》を號《なづ》けて小橋《をばし》と曰う」という記述がある。

大阪市生野区にあるつるのはし跡公園。石碑の手前にある４本の石の柱が、1940年まであった鶴之橋の親柱である。

猪甘津とは、鶴橋村になる前にあった地名・猪飼野にあった船着き場のこと。一帯にはかつて旧平野川が流れ込んでおり、大阪湾から船が入り込んでいた。この猪甘津に架けられた〝小橋〟が、現在確認できる史料のなかでもっとも古い橋である。これが摂津から河内、大和へいたる交通の要衝となった。

やがて時代が下ると猪飼野にあった、猪甘津の〝小橋〟は鶴之橋へと名を変える。「鶴之橋」とは、付近に大量の鶴が群れていたために後世つけられた名前だという。

こうした歴史ある橋も、一九四〇（昭和一五）年に旧・平野川が埋め立てられたことで廃橋となり、地名に名残を留めるのみとなっている。

そこがかつて海だったことを示す「弥刀」という地名

D09
弥刀
みと
Mito
大阪線

布施駅で東へ直進する奈良線を見送ったあと、大阪線で五分ほど乗ると弥刀駅につく。弥刀駅は、一九二五（大正一四）年に近鉄の前身である大阪電気軌道によって開設された。現在は北側にある近畿大学へのアクセス駅のひとつとなっているほか、周囲の住宅地に住む人の通勤に使われている。

この見慣れない駅名は、「やと」ではなく「みと」。古くは一帯の村名であり、付近にある弥刀神社にちなんでつけられた名前だ。弥刀神社は、水戸《みなと》（水門）の神である速秋津日《はやあきつひ》子神《こ》と速秋津比売《はやあきつひめ》神を祭神とする由緒正しい神社。社名の「弥刀」は、この神が司るところの「水戸」が転じたもの。この地域がかつて海の入り江近くにあり、両祭神が水戸の神であることから付けられたと考えられている。

一帯が海だったとは、弥刀駅から海まで約一〇キロメートル離れている現在からすれば想像することは難しいが、どのような地形だったのか。

古代の大阪に広がっていた河内湾

現在の大阪は、堺から住吉、天王寺、大阪城へと、南北に上町台地が伸びた地形となっており、東側に河内平野が広がっている。この平野部にかつて「河内湾」と呼ばれる海が入り込み、上町台地がそこへ突き出した岬のような形になっていた。当時の弥刀の一帯は、大きな湾が入り込んだ入り江にあたる位置にあり、交通の要衝であった。古代ではここに水運を管理する職に就いた豪族がいたことも知られ、弥刀地域は船溜まりであったと考えられる。

しかしこの河内湾は、時代とともに徐々に縮小していく運命にあった。弥生時代にはすでに、陸化が進んでおり「河内潟」と呼ばれる干潟に近い状態になっていた。古墳時代になっても水域は減少し続け、河内潟は大阪湾と完全に分離して「河内湖」となった。その後は洪水対策によって河内湖に流れ込んでいた大和川と淀川が大阪湾へ直接流されるようになると、河内湖は徐々に干上がり、低湿地帯となっていったのである。

いまの景色から弥刀一帯の前に海が広がっていたことはわからないが、この駅名が、その事実を密かに教えてくれている。

由来が「葛井寺」なのに地名が「藤井寺」となった理由

F13
藤井寺
ふじいでら
Fujiidera
南大阪線

南大阪線の藤井寺駅は、同線では、大阪阿部野橋駅に次いで二番目に乗降客が多い駅だ。駅周辺には住宅街が広がり、朝夕のラッシュ時には多くの乗降客が利用している。

藤井寺といえば、野球ファンなら誰もが藤井寺球場を思い浮かべ得ることだろう。一九二二（大正一一）年、前身の大阪鉄道が乗客誘致のひとつとして開設したもので、引き継いだ近鉄が一九四九（昭和二四）年にプロ野球球団を創設すると、藤井寺球場はその本拠地となった。当時のチーム名は近鉄パールズで、これが後の近鉄バファローズ（現オリックス・バッファローズ）である。以来、藤井寺は、野球の町であったが、二〇〇五（平成一七）年の球場閉鎖にともない、球場跡地に四天王寺学園の小学校や中学校などが建設され、野球の町から学園都市へと変貌を遂げた。

漢字が違うのは、別の由来？

いまでこそ学生の町となっているが、もともと藤井寺は、その名の通り、寺院の門前町だった。地名および駅名も、駅からほど近い場所にある葛井寺《ふじいでら》が所以である。西国三十三所巡りの第五番札所となっており、毎年八月には三万人以上が訪れる千日参りが行なわれる。本堂に安置されている観音像は国宝に指定されている。

この葛井寺が建てられたのは、仏教が隆盛していた七世紀後半のこと。全国で有力な氏族が競うように氏寺を造っていた当時、百済《くだら》からの渡来人を祖とする一族葛井連《ふじいのむらじ》の広成がこの地に寺院を建立したという。つまり、葛井氏が建てたから葛井寺という寺号になっている。

さて、ここである疑問がわく。寺の名前は葛井寺なのに、なぜ地名や駅名には「藤」の字が使われているのか。長い歴史のなかで単に漢字が変わっただけなのか。

じつは葛井寺と藤井寺、読み方は同じだが由来が違う。落慶法要には聖武天皇も行幸されたといわれるほど由緒ある葛井寺だが、平安時代の中頃になると荒廃していたらしい。それを嘆いた大和国軽里の藤井安基という人物が、一〇九六（永長元）年に復興に尽力したことから、安基の苗字をとって村名だけを藤井寺に改めたといわれている。

葛井寺を創建した葛井氏と、それを復興した藤井氏。藤井寺という地名は、葛井寺にまつわる二つの苗字が合わさって誕生したものだったのだ。

土師ノ里と道明寺をつくったのは古墳時代の華麗なる一族

F14
F15 N15

土師ノ里
はじのさと
Hajinosato

道明寺
どうみょうじ
Domyoji

南大阪線
道明寺線

允恭《いんぎょう》天皇陵古墳、仲姫命《なかつひめのみこと》陵古墳など、多くの古墳の集まる場所にある土師ノ里駅。一風代わった駅名であるが、駅の近くに「土師ノ里」という地名を見つけることができない。それもそのはず、駅名は、駅周辺に広がる「土師の里遺跡」に由来してつけられている。

由来となった土師の里遺跡は、仲姫命陵古墳から東南方向の斜面地に広がっている。一九六五（昭和四〇）年以降の住宅地開発をきっかけに発掘調査がはじまった。竪穴式住居や埴輪窯の跡、そしてつくりかけの埴輪などが多数発見されたことから、ただの古墳地帯にある集落ではなく、「土師氏」という一族の本貫地であったと推定された。

土師氏とは、大和政権時代に土師器や埴輪などの土器類を製作や、古墳の造営に携わった一族。『日本書紀』によると、始祖は野見宿禰《のみのすくね》という人物だ。垂仁《すいにん》天皇の治世だった当時、陵墓の周りに埋葬者の使用人を生き埋めにする〝殉死〟の慣わしがあった。それに心を痛めていた天皇、野見宿禰は生きた人間の代わりに土で埴輪をつくり、それを墳墓の周りに並べることを進言した。このアイデアに垂仁天皇はたいそう喜んで、野見宿禰に土師臣という本姓を賜り、以来、野見宿禰の子孫たちが朝廷の墳墓や埴輪をつくるようになったという。

この土師氏の氏寺だったのが、隣駅の由来にもなっている道明寺である。当初は東西三二〇メートル、南北六四〇メートルという広大な境内をもつ土師寺という名前の寺院だった。それが道明寺という寺号に改められたのは、あるひとりの土師氏がきっかけである。それはなんと、あの菅原道真《すがわらのみちざね》である。

古墳づくりによって栄えた土師氏であったが、六世紀後半に古墳築造が下火になると、一族の存続をはかるために中央官庁に人材を送りこみ、外交や軍事を担う官人となった。その末裔のひとりが菅原道真だった。

道真は土師寺へ足しげく通っていた。八八四（元慶八）年には長期間逗留して五部の大乗経を写経した。無実の罪で大宰府政庁へ左遷に処される直前にも土師寺を訪れ、自像を彫って納めている。こうした縁から土師寺は、道真の死後は、道真の号である「道明」へと改称し、道明寺となったのである。

土師ノ里と道明寺、この二つが道真公を介してつながっていたとは、歴史のロマンを感じることができる。

「香芝」はもともと中学校の名前

D22
近鉄下田
きんてつしもだ
Kintetsu-Shimoda
大阪線

奈良県の北西部にある香芝《かしば》市は、近鉄大阪線と南大阪線、ＪＲ和歌山線が市内を縦横に走っている。そのおかげで、市内には八つもの駅があり、大阪市内まで最短で二二分というじつ交通の便のよい土地だ。

奈良県は、多くの遺跡が残る非常に歴史の深い土地だが、香芝市の市としての歴史は浅く、誕生は一九五六（昭和三一）年四月一日に香芝町が誕生してからのこと。五位堂《ごいどう》村、二上《にじょう》村、下田村、志都美《しずみ》村という隣接する四つの村が合併して町制施行して誕生した新しい町なのだ。

ここで気になるのが、この香芝という名前。合併前の村名のなかに「香芝」の文字がどこにもないのに、なぜ香芝町になったのか。

じつはこの名前は、散々揉めた挙句、結局、中学校の名前を採用した結果である。由来が学校名とは驚きだが、その決定に至る経過を見ていきたい。

「大和」は野暮ったい!? 合併調印式前夜のどんでん返し

市区町村区域の統合が国策となり、一九五三（昭和二八）年に町村合併促進法が公布された。それを受けて奈良県も市区町村合併の促進を図り、一九五六（昭和三一）年に前述の四つの村が合併することが決まった。

そうして同年二月に四カ村合併促進協議会で新しい町名を考えることになったとき、四つの村は、それぞれが希望する新町名の案を持ち寄った。二上村は「二上」、下田村は「下田」を主張するなど、各村が意見を全く譲ろうとしない事態に陥った。

困った協議会は、それぞれの村から二名ずつの委員を選出し、なんとか解決しようとしたが、それでもなかなか決まらない。結局、「既存の村の名前は使わない」というルールを基本とし、「言いやすく、書きやすく、位置も分かりやすい」「すでにほかにあるような名前は避ける」という基準をつくり、十数余りの候補の中から各委員が投票して決めることになったのである。

こうしてやっと決まった名前は、以前より志都美村が主張していた「大和町《だいわちょう》」。「四つの村が大同団結する平和な町」という想いが込められたものだったという。

ところが、ようやく名前が決まり、合併調印式を翌日に控えた前夜、ある委員がいきなり「大和町だと、ヤマトかダイワかがわかりにくいし、しかも、大阪や東京にも大和町がある。もう一度考え直してはどうか？」と言い出したのである。

前夜になって何を今更……といった感じだが、なぜかこの意見が採用され、急遽、中学校名の「香芝」に決定したのである。

この中学校名は五位堂村と志都美村が最初に主張していた名前だった。中学校名が候補に加えられたのは、一九四九（昭和二四）年、四か村で組合を組織して中学校を設立しており、四か村をまとめて〝香芝中学校の組合村〟と呼ぶこともあったからだ。

香芝という名前は、一般から広く公募され、当時の県視学（教育指導監督）の中川良秀氏らによって命名されたものだという。その由来は、香芝中学校のある小字名「香の池尻」の俗称地名「カマシバ」が由来だという。江戸時代にこの一帯が鹿島村で、これが「カマシバ」になり、「カシバ」へと転訛した。こうして中学校名につけられた「香芝」が、町名のほうにも採用されて香芝町が誕生し、現在は香芝市となっているというわけである。

由来となった香芝中学校は、大阪線の近鉄下田駅の南西五〇〇メートルほどの場所にいまも中学校として存在している。地図を見ると、なるほど市域の中央にあり、四か村の生徒たち皆が通いやすい位置にあることがわかる。

伏見に歴史ファン垂涎の地名が並ぶエリアがある！

B08
桃山御陵前
ももやまごりょうまえ
Momoyamagoryomae
京都線

伏見といえば、歴史好きにはたまらない場所のひとつだろう。古くは豊臣秀吉が伏見城を築き、城下町として栄えた所である。そして、幕末には京都の外港の港町として動乱の時代を象徴する舞台となり、坂本龍馬が幕府方に襲撃された寺田屋事件で有名な「寺田屋」も、伏見の船宿のひとつだった。

この歴史の町・伏見を訪れるには、京都線の桃山御陵前駅で降りる。改札を出ると駅前には城下町のような町並みが……、と思いきや駅前には、車が走りぬける大手筋通りなど近代の都市景観が広がり、見渡したところで歴史の町の面影が見つけられない。

しかし、じつは伏見にはいまも歴史が息づいている。しかも、この道の名をはじめ、町のあちこちにたっぷり残っているのである。

それは地名である。電柱に掲げられた住所表示を見てみると、桃山福島太夫北・西・南町だとか、桃山町正宗、桃山羽柴長吉西・中・東町、景勝町、桃山町治部少丸など、歴史ファンならすぐにピンとくる名前がズラリ。福島太夫は秀吉の家臣で広島城城主となった福島左衛門太夫正則《ふくしまさえもんだゆうまさのり》で、正宗は仙台藩を興した独眼竜・伊達政宗《だてまさむね》。羽柴長吉は鳥取城主となった池田備中守長吉、景勝は上杉謙信《うえすぎけんしん》の跡目を継いだ上杉景勝《かげかつ》、治部少は関ケ原の戦いで西軍の大将となった石田三成《いしだみつなり》だ。三成は「治部少輔」という官位を賜っていた。

もう見当がついている人も多いかもしれないが、こうした地名は、豊臣秀吉の時代から徳川政権の初期にかけて存在していた、大名屋敷や武家屋敷に由来したもの。つまり、その場所にあった屋敷の持ち主の名前が、そのまま地名として残っているわけだ。

また桃山という町名もじつは伏見城跡地に関係している。江戸時代の初めに一国一城令によって伏見城が廃絶となった後、跡地となった古城山に桃の苗が植樹され、それが次第に増えたことが由来となったものである。この地名がもとになった「安土桃山時代」という呼称も、当時はこうした呼び方ではなく、明治後半になって生まれたものだ。

先述した地名以外にも、探してみると、桃山町本多上野（本多正純《ほんだまさずみ》屋敷）や桃山町鍋島（鍋島勝茂《なべしまかつしげ》屋敷）、桃山町毛利長門（毛利秀就《もうりひでなり》屋敷）など、聞いたことのある武将や大名の名前にちなんだ地名をあちらこちらで見つけることができる。地図を片手に歩いてみると、楽しさはさらに増すことだろう。

伏見にある戦国武将関連地名

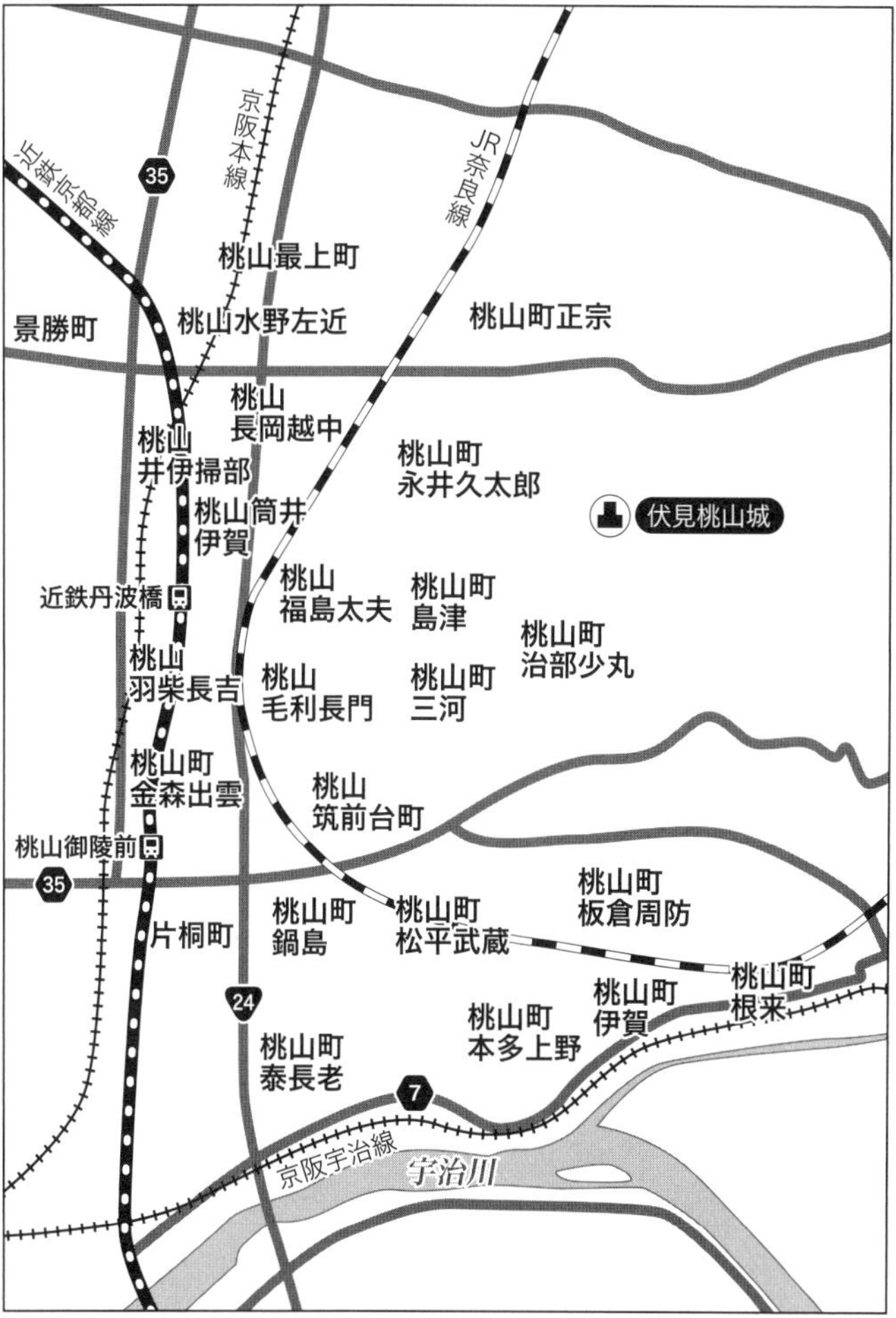

京都線の東側の台地の住所表示は、名だたる戦国武将の名前が並ぶ。これは豊臣秀吉の伏見城築城とともに武将たちがこの地に屋敷を構え、そのまま地名として残ったためだ。

かつて島だった「向島」いったい何の向かい側？

B09
向島
むかいじま
Mukaijima
京都線

京都線の向島駅は、一九七九（昭和五四）年三月に開業した新しい駅だ。この駅の周辺は、かつては水田が広がるのどかな土地だったが、一九七二（昭和四七）年から京都市住宅供給公社によって向島ニュータウンとして開発された場所だ。

向島という駅名は地名から付けられたものだが、どこを見ても島らしいものは存在しない。じつは周辺一帯は昭和初期までは、宇治川が流入する巨大な巨椋池《おぐらいけ》という湖があり、向島は湖に突き出した半島のような場所だった。

また「向」の由来は、豊臣秀吉が伏見城を築いた際、その城から宇治川を挟んで向かい側に位置していたことにちなんでいる。この場合の伏見城は、秀吉が一五九七（慶長二）年に築城し、晩年を送った伏見城ではなく、その前の一五九四（文禄三）年に宇治川に面した小高い丘に築かれ、完成直後に慶長伏見地震によって倒壊した指月《しづき》伏見城のことである。指月伏見城の向かい側に浮かぶ島ということで「向島」というわけだ。古地図では「向島丸」と名が残り、伏見城と一体になった地域構想であったことがわかる。

向島の地も秀吉によって拓かれた場所だった。秀吉は指月伏見城の築城と相前後して、向島の宇治川沿いの場所に「槇島堤」を築いて、湖に流入していた宇治川を向島の北側を迂回するようにするとともに、巨椋池を南北に横断して向島に至る「向島堤」を埋め立てて築き、一万数千本に及ぶ桜の木を植えた。そして向島堤の北端から宇治川をまたぎ指月伏見城までのあいだに豊後橋（現・観月橋）を架けて、大和街道を通したのである。

またそれだけでなく、向島には秀吉の城もあった。『武功雑話』によると、通称・向島城と呼ばれるこの城は、当時正式には「太閤ノ御遊所」と呼ばれる、秀吉の私的空間だったらしい。住宅地となった向島にかつての名残を見ることは難しいが、向島本丸町、向島二ノ丸町、向島丸町など、かつて城があったことを示す地名が残る。向島本丸町は一辺約二二〇メートルのほぼ正方形の土地区画となっており、これが本丸の跡地をそのまま表わしているといわれる。現代の地図の上からも見える、唯一の遺構といえるだろう。

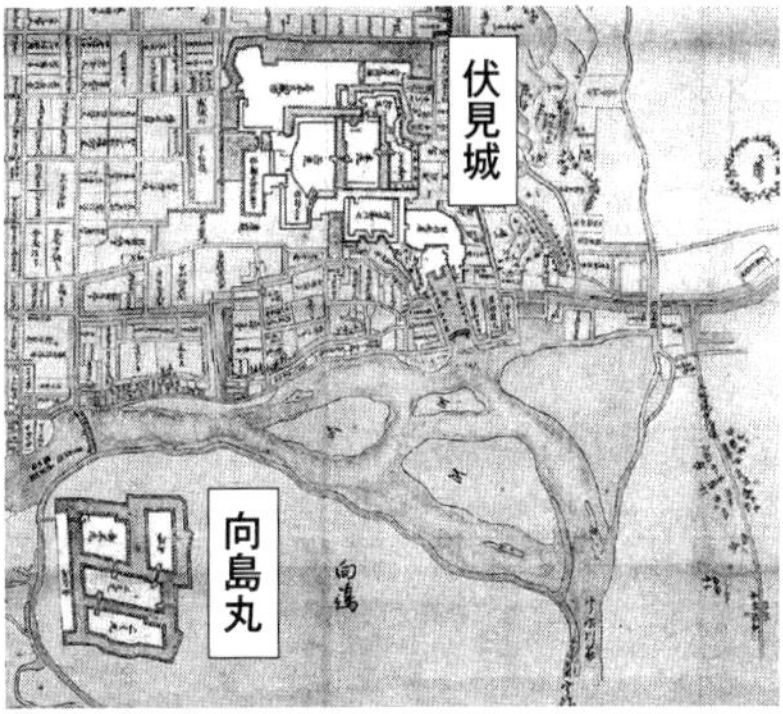

「伏見御城槨井屋敷取之絵図」の一部拡大図。伏見城の対岸である向島に、本丸や二之丸などを備えた城があることがわかる。

B18

三山木
みやまき
Miyamaki
京都線

山崎・山本・南山・高木 この四つが合わさった地名とは？

大和西大寺駅から近鉄京都線に乗ると、八つ目の駅で三山木駅に着く。一九二八（昭和三）年、京都線の前身である奈良電気鉄道の西大寺～桃山御陵前間の開通と同時に開業した古い駅である。二面二線の相対式ホームで、上り線側は二〇〇四（平成一六）年、下り線側は二〇〇五（平成一七）年に高架化された。

駅の東側には、木津川の沖積平野が広がり、西側と北側の丘陵には、同志社大学や同志社女子大学などのキャンパスある。一九六六（昭和四一）年に同志社大学が近鉄より土地を買収して一九八六（昭和六一）年に同所にキャンパスを新設すると、周囲は学生が住むアパートや京都、大阪に通勤する人々の住宅地も造成されていった。現在も三山木は、関西文化学術研究都市の中核としての位置を保っている。

四つの地名を合わせた複合地名

こうした顔をもつ三山木だが、もうひとつ興味深いことがある。じつは三山木という地

近鉄三山木駅の駅舎。山々に囲まれた風景のなかで、近代的な駅前の景観が映える。

名は、四つの地名の一部を合わせた複合地名なのだ。

『角川日本地名大辞典』によると「三山木」は、一八七六（明治九）年に南山村、山本村、高木村、出垣内村の合併にともなってできた村名である。南山と山崎（出垣内村にある地名）、山本に「山」の字が共通することから、山が三つで「三山」、それに高木の「木」を合わせたのである。出垣内村が村名を残すのではなく、山崎という村内の地名を選んだ理由については、記録がなく詳らかではない。

現在も南山と山崎だけは駅の西側で小字名として残っているほか、高木バス停や山本公民館など、公共施設名に見ることができる。

耳成山の由来は、耳ナシか？それとも耳アリか？

D40
耳成
みみなし
Miminashi
大阪線

近鉄大阪線と橿原線が交差する大和八木駅から、南は橿原神宮前駅、東は大福駅の手前までの一帯は、古代に営まれた藤原京の跡地である。六九四年から七一〇年の間に栄えた都だ。唐の長安をモデルにして作られた日本で最初の本格的都城であり、日本史発祥の地ともいわれている。

藤原宮跡《ふじわらきゅうせき》は、耳成山《みみなしやま》、畝傍山《うねびやま》、天香久山《あまのかぐやま》から成る大和三山に囲まれた位置にある。耳成山は藤原京建設の際、その都市計画の基準点となったとされている。そして耳成山と畝傍山に挟まれた位置から北へ伸びる下ツ道は、平城京の朱雀大路《すざくおおじ》につながり、反対の天香久山の間から伸びる中ツ道は、平城京の東の外郭へつながっている。耳成山を含めた大和三山の位置は、奈良盆地の都城設計においては重要な役割を果たしていたことがわかる。

大和三山のうちのひとつである耳成山は、大阪線の耳成駅の由来ともなっている。「みみなし」なのに「成り」と書くので、耳があるのか無いのかわからない名前だが、じつはその由来については相反する二つの説がある。

奈良盆地のなかにそびえる耳成山の姿。余計な突出部が両側から出ていない形は「耳なし」のようだが、平地から生える様子はいかにも耳のようだ。

橿原市によると、山体が余計な突出部（耳）を持たないきれいな三角錐をしているため、「耳が無い」ということが由来だという。確かに耳成山の姿は、どこからみても三角形に見える美しい山体をしている。

一方で『奈良県史』などによると、この山自体が平野部に生えた突出部、つまり「耳」を表わし、「耳を成している」という意味で「耳成」と名付けられたという。

「成す」が「なし」の音にかわるのは、山梨（山をなす）や田無（田をなす）などの例からもわかるように、全国的に散見される。

「無し」と「成し」。読み方は一緒だが、解釈によって真逆の意味になってしまうのだ。

キトラ古墳のキトラとはどこから来たのか？

F45
壺阪山
つぼさかやま
Tsubosakayama
吉野線

近鉄吉野線の飛鳥駅周辺は、奈良時代の遺跡が多く残っているエリアである。梅山古墳や高松塚古墳、天武《てんむ》・持統《じとう》天皇陵などの古墳のほかにも、亀石や鬼の雪隠《せっちん》などの巨石も見どころのひとつだ。

この南側の壺阪山駅周辺にも遺跡がある。駅の東側に走る国道一六九号を横切り、東へ約七〇〇メートル進んだ先にあるキトラ古墳だ。

キトラ古墳は、七世紀末から八世紀初め頃、古墳時代終末期につくられた直径約一四メートルの古墳である。日本でも珍しく、内部に壁画が描かれた古墳である。調査が開始されたのは、一九八三（昭和五八）年。ファイバースコープを用いた調査によって、四神のひとつで蛇と亀の体をもつ〝玄武《げんぶ》〟の壁画が、石槨の奥壁にあることが確認された。一九九八（平成一〇）年には、向きを上下左右自由に動かすことのできる超小型カメラを用いて再調査が行なわれ、四神の青龍《せいりゅう》や白虎《びゃっこ》、さらに天文図を発見。そして二〇〇一（平成一三）年に四神の残りひとつである朱雀《すざく》と獣頭人身十二支像が発見された。

キトラ古墳の「キトラ」は、なんともユニークなネーミングだが、どこに由来があるのか。じつはカタカナではなく漢字で書かれた資料もある。その表記は「亀虎古墳」。では、なぜわざわざ「キトラ」とカタカナで書くようになったのか。じつは亀虎という文字は、古墳の壁画発見とともにつけられたものだ。

「キトラ」という名前は、もともと存在していた。付近の住民はこの周辺をキトラと呼んでいたのである。付近に「北浦《きたうら》」という小字名があるからといわれるが、干支の「甲寅《きのえとら》」が由来という別の説もあり、地名の由来ははっきりしない。いずれにしても、この場所はキトラと呼ばれていたようだ。

そして調査が行なわれた一九八三年、このキトラという呼び方に、亀と虎という当て字を用いたのである。この字が当てられたのは、キトラ古墳から玄武の壁画が発見されたからである。このとき、四神のひとつ、玄武が発見されたのなら、ほかの四神も発見できるように、と祈念してつけられた。

しかしその後、各方面から、当て字でつけられた名称は不適切であるという意見が多く寄せられ、亀虎という漢字表記は取りやめになった。しかし肝心の「キトラ」の由来がはっきりしない以上、漢字名をつけるわけにはいかず、そのままカタカナ表記になり、現在に至っている。

【取材協力】

近畿日本鉄道／奈良市／葛城市相撲館

【おもな参考文献】

『近畿日本鉄道　１００年のあゆみ』（近畿日本鉄道株式会社）／『都城と古代交通　第129回埋蔵文化財セミナー資料』（京都府教育委員会・京都府埋蔵文化財調査研究センター）／『吉野川分水史』吉野川分水史編集委員会編（奈良県）／『奈良県の近代化遺産　奈良県近代化遺産総合調査報告書』奈良県教育委員会編（奈良県教育委員会）／『奈良県史　第十四巻　地名　地名伝承の研究』奈良県史編集委員会編（名著出版）／『奈良市史　通史四』奈良市史編集審議会編（奈良市）／『香芝町史』香芝町史調査委員会（香芝町役場）／『平城村史』平城村史編集委員会編（平城村史編集委員会）／『水落遺跡と水時計　解説書』関西大学文学部考古学研究室編（奈良県明日香村）／『新修大阪市史　第1巻』新修大阪市史編纂委員会編（大阪市）／『東大阪市史　近代２』東大阪市史編纂委員会編（東大阪市）／『広報ふじいでら』秘書広報課編、『藤井寺市史　第一巻　通史編一』藤井寺市史編さん委員会編（以上、藤井寺市）／『田原本町　町勢要覧2017』（田原本町）／『八尾市史（前近代）本文編』八尾市史編集委員会編（八尾市役所）／『新版　八尾の史跡』棚橋利光（八尾市市長室広報課・八尾郷土文化研究会）／『松原市史　第1巻　本文編㈵』松原市史編さん委員会編（松原市役所）／『松阪市史　第11巻（史料篇　近世　1　政治）』松阪市・松阪市史編さん委員会編著（蒼人社）／『じないまち探求誌　富田林寺内町ガイド』（大阪府富田林市教育委員会文化財保護課）／『宇治市史4　近代の歴史と景観』林屋辰三郎、藤岡謙二郎編（宇治市役所）／『久御山町史　第二巻』久御山町史編纂委員会編（京都府久御山町）／『四日市市史　第十九巻　通史編現代』四日市市編（四日市市）／『吉野川分水ってなぁに？　くらしをささえる大切な水の話』（大和平野土地改良区）／『鉄道未成線を歩く〈私鉄編〉夢破れて消えた鉄道計画線　実地調査』森口誠之、『近鉄の廃線を歩く　懐想の廃止路線40踏査探訪』徳田耕一、『関西鉄道考古学探見　いまも残る鉄道形成時代の面影を京都・大阪・神戸、その周辺に尋ねる』辻良樹、『大阪・京都・神戸　私鉄駅物語　写真・資料でたどるターミナル駅の変遷』高山禮蔵、『新・鉄道廃線跡を歩く4　近畿・中国編』今尾恵介、『関西　むかし町&古街道をあるく』（以上、ＪＴＢパブリッシング）／『角川日本地名大辞典26　京都府』『27　大阪府』『29　奈良県』「角川日本地名大辞典」編纂委員会編（以上、角川書店）／『国境物語』読売新聞大阪本社、『大阪神戸のお寺・神社謎とき散歩』中村清（以上、廣済堂出版）／『全国鉄道事情大研究　大阪都心部・奈良編』『全国鉄道事情大研究　大阪南部・和歌山篇』川島令三（以上、草思社）／『すべての道は平城京へ　古代国家の〈支配の道〉』市大樹、『古代を考える　古代道路』木下良編、『天皇陵の近代史』外池昇、『奈良　古代を考える』直木孝次郎編、『飛鳥史跡事典』木下正史編（以上、吉川弘文館）／『近畿㈼　地図で読む百年　大阪・兵庫・和歌山』平岡昭利、野間晴雄編、『近畿野外地理巡検』藤岡謙二郎監修（以上、古今書院）／『「河内学」の世界』大阪経済法科大学河内学研究会編、『大阪伝承地誌集成』三善貞司編著（以上、清文堂出版）／『大阪の地名由来辞典』堀田暁生編（東京堂出版）、『地名が語る京都の歴史』糸井通浩、綱本逸雄編、『難読・誤読駅名の事典』浅井建爾著（以上、東京堂出版）／『なにわ考古学散歩』大阪市文化財協会編、『古代飛鳥　石の謎』奥田尚、『大和・飛鳥考古学散歩』伊達宗泰（以上、学生社）／『大阪河内の

近代 東大阪・松原・富田林の変貌』大谷渡、『戦前大阪の鉄道とデパート　都市交通による沿線培養の研究』谷内正往（以上、東方出版）／『奈良・京都地名事典』吉田茂樹（新人物往来社）／『戦乱の都・京都　日本の歴史はここで動いた』柘植久慶（PHP研究所）／『「伝承」で歩く京都・奈良　古都の歴史を訪ねて』本島進（慧文社）／『まるごと名古屋の電車　ぶらり沿線の旅　JR・近鉄ほか編』徳田耕一（河出書房新社）／『河内飛鳥を訪ねてみよう』石部正志編著（松籟社）／『関西鉄道遺産　私鉄と国鉄が競った技術史』小野田滋（講談社）／『吉野川』増谷桑一編（新燈社）／『近鉄京都線・橿原線　街と駅の1世紀』生田誠（アルファベータブックス）／『近鉄奈良線　街と駅の1世紀』藤原浩（彩流社）／『桜の吉野山　その景観を育んだ人と風土』木村満代（牧歌舎）／『桜伝説』大貫茂（アーツアンドクラフツ）／『新線鉄道計画徹底ガイド　西日本編』川島令三（山海堂）／『奈良県の地名　日本歴史地名大系30』（平凡社）／『図説日本の公共事業』日本の公共事業研究会編（経済調査会）／『生駒山　歴史・文化・自然にふれる』大阪府みどり公社編（ナカニシヤ出版）／『聖地再訪　生駒の神々　変わりゆく大都市近郊の民俗宗教』宗教社会学の会編（創元社）／『大学的京都ガイド　こだわりの歩き方』同志社大学京都観学研究会編（昭和堂）／『大坂城と大坂の陣　その史実・伝承』北川央（新風書房）／『大阪　歴史探訪ウォーキング』ペンハウス（メイツ出版）／『大阪府の歴史散歩　下』大阪府の歴史散歩編集委員会編（山川出版社）／『大仏鉄道物語』大仏鉄道研究会（関西印刷株式会社出版部）／『大和三山の道』金本道一（綜文館）／『探訪　古代の道　第二巻』上田正昭（法蔵館）／『知れば知るほど面白い　近畿日本鉄道』辻良樹（洋泉社）／『地名の考古学　奈良地名伝承論』池田末則（勉誠出版）／『地名は語る　わが町の生い立ち　大阪市内』岡本良一、脇田修監修、大阪民主新報社編（文理閣）／『天皇陵の謎』矢澤高太郎（文藝春秋）／『東高野街道　生駒山西麓編』読書館（メディバン）／『道路誕生　考古学からみた道づくり』近江俊秀（青木書店）／『奈良県の軽便鉄道　走りつづけた小さな主役たち』松藤貞人（やまと崑崙企画）／『奈良市の昭和』（樹林舎）／『日常の中の戦争遺跡』大西進編著（アットワークス）／『反正天皇』西田孝司（末吉舎）／『美しい刑務所　明治の名煉瓦建築・奈良少年刑務所』上條道夫写真、案美千子文（西日本出版社）／『百貨店ものがたり　第2集』和田進（洋品界）／『伏見城』伏見城研究会編（日本古城友の会）／『幕末歴史散歩　京阪神篇』一坂太郎（中央公論新社）／『鉄道ピクトリアル　313号、569号』（電気車研究会・鉄道図書刊行会）／『週刊私鉄全駅・全車両基地』（朝日新聞出版）／『三洋化成ニュース』（三洋化成工業／『大和文華館　美のたより』（大和文華館）／『大阪春秋』（新風書房）

読売新聞／毎日新聞／産経新聞／日本経済新聞／京都新聞／大阪日日新聞／ヒストリーチャンネル／NEWSポストセブン

【ウェブサイト】

近畿日本鉄道／近鉄バス／近鉄百貨店／農林水産省／大阪府／阿倍野区／東大阪市／松原市／藤井寺市／柏原市／八尾市／富田林市／堺市／奈良県／橿原市／葛城市／香芝市／吉野町／大淀町／木津川市／城陽市／三重県／京田辺市観光協会／大阪府立中之島図書館／奈良文化財研究所／奈良地域デザイン研究所／土木学会／公益社団法人発明協会／ミツカン水の文化センター／京阪バス／御城番屋敷／鴻池新田会所／国営飛鳥歴史公園／大神神社／菖蒲庵

監　修　**天野太郎**（あまの たろう）

兵庫県生まれ。京都大学大学院人間・環境学研究科博士前期・後期課程、および同研究科助手を経て、現在は同志社女子大学教授。地理学、観光学、地域開発について研究。おもな共著に『大学的京都ガイド』（昭和堂）、『平安京とその時代』（思文閣出版）、『日本と世界のすがた』（帝国書院）など。監修として『阪急沿線の不思議と謎』『南海沿線の不思議と謎』『近鉄沿線の不思議と謎』『京阪沿線の不思議と謎』『阪急沿線ディープなふしぎ発見』『イラストで見る２００年前の京都』（実業之日本社）、『古地図で歩く古都・京都』（三栄書房）がある。

※本書は書き下ろしオリジナルです。

じっぴコンパクト新書　335

JIPPI Compact

近鉄沿線《きんてつえんせん》ディープなふしぎ発見《はっけん》

2017年11月15日　初版第1刷発行

監修者……………天野太郎
発行者……………岩野裕一
発行所……………株式会社実業之日本社
〒153-0044 東京都目黒区大橋1-5-1 クロスエアタワー8階
電話（編集）03-6809-0452
　　（販売）03-6809-0495
http://www.j-n.co.jp/
印刷・製本…………大日本印刷株式会社

©Jitsugyo no Nihon Sha, Ltd. 2017 Printed in Japan
ISBN978-4-408-33746-3（第一趣味）
本書の一部あるいは全部を無断で複写・複製（コピー、スキャン、デジタル化等）・転載することは、
法律で認められた場合を除き、禁じられています。
また、購入者以外の第三者による本書のいかなる電子複製も一切認められておりません。
落丁・乱丁（ページ順序の間違いや抜け落ち）の場合は、
ご面倒でも購入された書店名を明記して、小社販売部あてにお送りください。
送料小社負担でお取り替えいたします。
ただし、古書店等で購入したものについてはお取り替えできません。
定価はカバーに表示してあります。
小社のプライバシー・ポリシー（個人情報の取り扱い）は上記ホームページをご覧ください。